Helmut G. Brendel

Ruhestandspredigten 2006 - 2014

Helmut G. Brendel

Ruhestandspredigten 2006 - 2014

Pastoralpsychologische Predigten

Fromm Verlag

Impressum / Imprint

Bibliografische Information der Deutschen Nationalbibliothek: Die Deutsche Nationalbibliothek verzeichnet diese Publikation in der Deutschen Nationalbibliografie; detaillierte bibliografische Daten sind im Internet über http://dnb.d-nb.de abrufbar.

Bibliographic information published by the Deutsche Nationalbibliothek: The Deutsche Nationalbibliothek lists this publication in the Deutsche Nationalbibliografie; detailed bibliographic data are available in the Internet at http://dnb.d-nb.de.

Verlag / Publisher:
Fromm Verlag
ist ein Imprint der / is a trademark of
OmniScriptum GmbH & Co. KG
Heinrich-Böcking-Str. 6-8, 66121 Saarbrücken, Deutschland / Germany
Email: info@frommverlag.de

Herstellung: siehe letzte Seite /
Printed at: see last page
ISBN: 978-3-8416-0500-9

Vorwort

Seitdem es durch das Internet die Möglichkeit gibt, Predigten über die Gemeinden hinaus durch die Göttinger Predigtsammlung einem größeren Kreis von Lesern zugänglich zu machen, habe ich gerne davon Gebrauch gemacht. Ich stelle dort nicht nur meine eigenen Predigten anderen gerne zur Anregung und zur Diskussion zur Verfügung, sondern verwende genauso gerne die Lektüre fremder Predigten als Anregung für die eigene Predigtarbeit.

Natürlich habe ich dabei das Interesse, anderen auch meine eigene Predigtkonzeption bekannt zu machen. Als Pastoralpsychologe hatte ich die Möglichkeit, in der Vikarsausbildung am Predigerseminar und mit Kollegen in Balint-Gruppen Predigten aus tiefenpsychologischer Sicht zu bearbeiten und zu analysieren. Besonders anregend fand ich dabei, der eigenen Predigtkonzeption und der anderer auf die Spur zu kommen.

Besonderes Interesse habe ich, der tiefenpsychologischen Dimension des Kerns der biblischen Botschaft auf die Spur zu kommen - auch wenn auf unseren Kanzeln die Predigten meistens der Einfachheit halber auf der Ebene der mythologischen Dimension bleiben. Das erspart dem Predigenden die Mühe der analytischen Arbeit, führt aber dazu, dass die Aussagen der Predigt oft mehr- oder gar vieldeutig bleiben. Das bewirkt dazu, dass den Hörern der anthropologische Realismus erspart bleibt. Damit wird die biblische Botschaft vielfach auf billigen Trost verkürzt. Die unglaubliche Kraft der biblischen Botschaft liegt aber meiner Auffassung nach in ihrer ungeheuren

Integrationskraft. Den kleinteiligen Tun- Ergehens - Zusammenhang des gewohnten Kausaldenkens zu durchbrechen und den umfassenden Raum göttlicher Liebe sich eröffnen zu lassen ist das, was ich gerne in meinen Predigten zum Ereignis werden lassen möchte. Natürlich gelingt das nicht immer, sowohl beim Prediger als auch beim Hörer. Aber wenn es gelingt, dann kann die befreiende Kraft des Evangeliums zum gemeinsamen Ereignis für Prediger und Hörer werden. Daraufhin predige ich.

Einleitung zur Predigt über die Heilung des Naaman

In meiner Abschiedspredigt, bevor ich in den Ruhestand ging, habe ich versucht die Wunderheilung des Hauptmanns Naaman einmal auf der Ebene religiöser Erfahrung zu deuten. Diese Ebene des unerklärlich Wunderbaren spricht das religiöse Erleben an. Es ist aber eine symbolische und keine reale Ebene. Alle, die die Ebene der religiösen Empfindung unangetastet haben wollen, behandeln sie wie eine Realität. Damit wird sie eingeebnet und gegen die symbolische Ebene abgegrenzt. In Abwehr gegen eine Deutung wird sie wie alltägliche Realität behandelt, um das sogenannte heilige Gefühl vor dem Zugriff der vermeintlich profanisierenden Deutung zu schützen. Dieser Kampf zwischen der fundamentalistischen und der symbolischen Deutung macht ein Gutteil der Konflikte im Pfarramt aus. Die einen wollen in ihrem religiösen Empfinden ungestört bleiben und die anderen wollen es verstehen, ohne die Gefühlsebene zu eliminieren. Es handelt sich dabei aber nicht um eine symbolische Deutung im scholastischen Sinn, sondern darum die beiden Ebenen von Empfinden und Verstehen, die im Symbol zusammenfallen, aufeinander zu beziehen. Darum habe ich die Krankheit des Naamann, die naturwissenschaftlich medizinisch nicht zu diagnostizieren ist, ganzheitlich gedeutet. Es handelt sich um keine Krankheit im medizinischen Sinn, sondern wie Krankheit überhaupt um einen der menschlichen Grundkonflikte zwischen innerer und äußerer Wirklichkeit, also zwischen menschlicher Vorstellung und der Art von Realität, die unseren Vorstellungen widerstreitet. Naaman will diesen Konflikt lösen, dadurch dass er wie jeder Kranke seine Krankheit durch Heilung los werden will, das heißt, dass er vermeintlich gesund werden will. Gesundheit besteht aber nicht in der Beseitigung der Symptome. Den Konflikt lösen heißt ihn annehmen, nicht aus der Welt schaffen wollen. In diesem Annehmen des Konflikts liegt aber ein Geheimnis. In jedem Konflikt liegt das Potenzial zu seiner Lösung. Erst wenn ich diesem Potenzial vertraue, dann kann es seine geheimnisvolle Wirkung entfalten. Diese Wirkung kann sich in dem entfalten, was wir das Geheimnis der Glaubenserfahrung nennen. Zwischen den beiden Seiten des Konflikts kann sich ein Drittes entfalten, das beglückende Gefühl der Befreiung von dem Konflikt, der die Tendenz hat einen festzuhalten. Richtig ist, dass wir ihn nicht aus eigener Kraft lösen können. Aber von alleine löst er sich auch nicht. Es muss sich etwas ereignen, was ich aus eigener Kraft nicht machen kann. Es ist etwas, das, was uns unvereinbar und unlösbar scheint, auflöst in ein Gefühl der Befreiung, das den ganzen Menschen ergreift und verwandelt. Das ist das Wunder der ganzheitlichen Heilung. Das erfährt Naaman. Es macht ihn nicht gesund, indem es ihn von der Krankheit befreit, sondern macht ihn heil. Der Konflikt, der in seiner Krankheit zum Ausdruck kommt, löst sich auf, gleich ob er sie los wird oder weiter mit ihr leben muss. Es ist so, wie es in der Paradieserfahrung gemeint ist: Sie macht ihm nichts mehr aus. Leben und Tod erscheinen nicht mehr als Gegensatz, sondern als unbegreifliche höhere Einheit, die wir theologisch das wahre Leben nennen können.

Abschiedspredigt 3.Sonntag nach Epiphanias 22.01.06 über 2.Könige 5,9-15

Gnade sei mit euch und Friede von Gott unserm Vater und dem Herrn Jesus Christus. Amen

Naamann der Feldhauptmann des König von Aram in Damaskus war ein mächtiger Mann, aber er war vom Aussatz geplagt. Seiner Frau aber diente eine Magd, die er aus Israel weggeführt hatte. Die sprach zu ihr: „Der Prophet in Samaria könnte meinen Herrn vom Aussatz befreien." Da schickte ihn der König von Aram zum König von Israel. Der aber zerriss seine Kleider und sprach: „Bin ich denn Gott, dass ich den Mann vom Aussatz befreien kann?" Als der Prophet das hörte, sprach er: „Lass ihn zu mir kommen, dass er merke, dass ein Prophet in Israel ist."

Naaman kam mit Rossen und Wagen und hielt vor der Tür am Hause des Propheten. Da sandte Elisa einen Boten zu ihm und ließ ihm sagen: „Geh hin und wasche dich siebenmal im Jordan, so wird dir dein Fleisch wieder heil, und du wirst rein werden." Da wurde Naaman zornig und zog weg und sprach: „Ich meinte, er selbst sollte zu mir herauskommen und den Namen des Herrn, seines Gottes, anrufen, und seine Hand hin zum Heiligtum erheben und mich so von dem Aussatz befreien. Sind nicht die Flüsse von Damaskus besser als alle Wasser in Israel, so dass ich mich in ihnen waschen und rein werden könnte?“ Und er wandte sich und zog weg im Zorn. Da machten sich seine Diener an ihn heran, redeten mit ihm und sprachen: „Lieber Vater, wenn dir der Prophet etwas Großes geboten hätte, hättest du es nicht getan? Wie viel mehr, wenn er zu dir sagt: „Wasche dich, so wirst du rein!“ Da stieg er ab und tauchte unter im Jordan siebenmal, wie der Mann Gottes geboten hatte. Und sein Fleisch wurde wieder heil wie das Fleisch eines jungen Knaben. Und Elisa sprach: „Zieh hin mit Frieden!“

Liebe Gemeinde, mit dieser Predigt möchte ich mich heute von Ihnen in den Ruhestand verabschieden, In meinem Abschiedsbrief im Gemeindeboten habe ich schon geschildert, wie es mir damit geht. Auf der einen Seite empfinde ich es als eine große Entlastung, frei von allen beruflichen Verpflichtungen zu sein. Auf der anderen Seite bin ich traurig darüber, dass ich vor allem die Arbeit, die ich mit zunehmender Freude getan habe, nicht mehr tun kann. Ich werde heute in diesem Gottesdienst von meiner Arbeit entpflichtet, das heißt, ich habe in Zukunft z.B. nicht mehr das Recht, hier Gottesdienste zu halten, wenn ich will. Ich kann es nur noch, wenn ich gefragt werde. Das empfinde ich als einen harten Schnitt, der mich schmerzt. Da regt sich Widerspruch und Widerstand bei mir. Da würde ich am liebsten um ein Recht kämpfen, das ich jetzt verliere.

Liebe Gemeinde, das ist auch der Grund, weshalb ich den Predigttext aus der Elisa-Geschichte so passend fand für meine Abschiedspredigt.

Das Problem, um das es da geht, ist die Anerkennung von Grenzen. Naaman war ein erfolgreicher und mächtiger Feldherr. Aber er hatte ein Handicap. Er war aussätzig, wie die Bibel das nennt. Was das war, wissen wir nicht so genau. Er hatte keine Lepra, denn mit verstümmelten Händen z.B. hätte er nicht Feldherr sein können. Es war wohl eine Krankheit, die unheilbar, aber nicht lebensgefährlich war.

Liebe Gemeinde, Naaman war von seiner Art und seinem Charakter her ein Kämpfer. Das befähigte ihn besonders für den Beruf des Soldaten. Im Kampf mit seinen Feinden war er ungewöhnlich erfolgreich. Aber im Kampf mit dieser Krankheit unterlag er. Er kämpfte gegen sie mit einer Verbissenheit, die ihn immer wieder bis an den Rand seiner Kräfte brachte. Er empfand es als tiefe Kränkung, dass er nicht gegen sie ankam. In seiner Ohnmacht war er hilflos und wütend. Um jeden Preis wollte er sie loswerden. Aber er fand keine Möglichkeit geheilt zu werden. Wenn ihn sein Ruf als Feldherr nicht geschützt hätte, wäre das sein sicheres Ende gewesen.

Dieses Elend ihres Herrn aber sah eine kleine hebräische Sklavin an mit Kummer. Naaman hatte sie einst als Kriegsbeute aus Israel mitgebracht. Sie diente seiner Frau. Die Magd sprach in ihrer Sorge zu der Herrin: „Der Prophet in Israel könnte meinen Herrn vom Aussatz befreien.“

Liebe Gemeinde, nun werden Sie mit Recht fragen, warum ich ausgerechnet diese Geschichte so passend fand für meine Abschiedspredigt. Auch ich bin ein Kämpfer, wenn auch mehr von

Art als von Beruf. Wie alle Kämpfer kämpfe ich mit meinem Handicap. Wie alle Naamans dieser Welt glaube auch ich, ein normaler Mensch zu sein, das bedeutet ohne Handicap zu sein. So habe auch ich getan, was Naaman mit viel mehr Macht tun konnte. So habe ich versucht, meine Mitmenschen dazu zu bringen mir zu helfen, dieses Manko los zu werden. Mit Ungeduld erwarte ich, dass mir alle Hindernisse aus dem Weg geräumt werden. Mit dieser Ungeduld habe ich die Beziehung zu manchen Menschen belastet. Dafür bitte ich zum Abschied all die um Vergebung, an denen ich schuldig geworden bin. Manche werden nun sagen, dass sie das gar nicht gemerkt haben. Nun mit den Jahren bin ich ja vielleicht auch etwas ruhiger geworden. Liebe Gemeinde, ein Problem ist aber, dass nicht jeder Mensch mit Handicap so eine hebräische Magd findet, die ihn zu dem schickt, der ihm wirklich helfen kann. Denn seine Krankheit war für Naaman etwas, bei dem ihm kein Mensch wirklich helfen konnte. Nachdem ihr Rat bei ihm angekommen war, machte er sich auf, um diesen letzten Strohalm zu ergreifen. Er erbat sich Urlaub von seinem König. Der schickte ihn gleichsam auf dem Dienstweg zu seinem Kollegen. Aber der König von Israel sah sich einer Bitte gegenüber, die er nicht erfüllen konnte: „Bin ich denn Gott, dass ich diesen Menschen von seinem Aussatz befreien kann?“ fragte er.

Als der Prophet Elisa das hörte, ließ er seinen König wissen: Schick ihn zu mir, dass er merkt, dass ein Prophet in Israel ist, ein Bote Gottes. Da zog der Feldherr mit Rossen und Wagen vor das Haus des Propheten und hielt vor seiner Tür. Aber Elisa kam nicht selbst heraus zu ihm. Sondern er ließ ihm durch einen Diener sagen: „Geh hin und wasch dich! Wasch dich siebenmal im Jordan, so wird dein Fleisch wieder heil, und du wirst rein werden.“

Liebe Gemeinde, da war er bei Naaman aber an den Richtigen geraten. Wie alle Kämpfer wurde er wütend, wenn etwas nicht nach seinem Willen lief. So schrie er wütend alles heraus, worüber er enttäuscht war: „Anstatt mich mit einem Diener abzuspeisen, hätte er selbst herauskommen können. Er hätte wenigstens selbst zu seinem Gott um meine Heilung beten können. Oder er hätte wenigstens mit seinen eigenen Händen mich vom Aussatz befreien können.“ Besonders empörend fand er, dass er ihn stattdessen aufforderte im Jordan zu baden. Hatte doch Damaskus viel sauberere und heilsamere Wasser als die Juden mit ihrem dreckigen Jordan. Wutentbrannt wandte er sich von ihm ab und zog im Zorn davon, heißt es da.

Liebe Gemeinde, wie wohl tut es mir, dass nicht nur ich ein ungeduldiger und zorniger Mensch bin, wenn es nicht nach meinen Wünschen und Vorstellung geht. Aber noch schlimmer ist es für mich, wenn ich den Anweisungen anderer folgen soll. Bin ich denn ein Knecht und Sklave anderer? Bin ich nicht viel mehr ein freier Christenmensch und niemandem untertan?

Naaman aber musste seine Wut nicht so zügeln, wie ich es mein Leben lang tun musste, es mir aber nicht immer gelungen ist. Viel lieber wäre ich manchmal wie Naaman vor den Enttäuschungen und Demütigungen dieses Lebens geflohen. Aber auch Naaman hatte Freunde, Mitarbeiter, Mitmenschen, die ihn besänftigen und auf den Boden der Tatsachen herunter holten. Die taten das, wie ich finde, sehr geschickt und einfühlsam. Sie packten den wütenden Naaman bei seinen eigenen Wünschen: „Wenn der Prophet mit dir einen großen Hokuspokus veranstaltet hätte, dann hättest du ihn mitgemacht, auch wenn es dir wieder nichts genützt hätte. Wie immer hätte es nur denen genützt, die du dafür teuer hättest bezahlen müssen. Warum tust du als Aussätziger dann nicht das, was er dir vorgeschlagen hat: Wasch dich!“

Liebe Gemeinde, das Einfachste ist wie so oft das Schwerste. Naaman sollte ja nicht der Willkür irgendeines Menschen sich unterwerfen. Er sollte tun, was der Prophet ihm sagte. Der Prophet aber hatte das nicht von sich selbst. Er wusste das von dem, dem zu folgen, dem Leben selbst zu folgen heißt. Wie Gott es ihm durch den Propheten gesagt hatte stieg Naaman von seinem hohen Ross herab und tauchte siebenmal im Jordan unter. Da aber geschah das Wunder: Sein Zorn wurde abgekühlt. Und sein Fleisch wurde wieder rein wie das eines jungen Knaben.

Liebe Gemeinde, natürlich können wir uns von dem Zauber dieser Geschichte gefangen nehmen lassen. Sie hat eine wunderbare Kraft wie viele biblische Geschichten. Aber wie Sie mich kennen, möchte ich das immer auch noch selbst verstehen und auch ihnen verständlich machen. Manche von ihnen mögen das gar nicht. Sie wollen sich lieber in ihrer Faszination nicht stören lassen. Ich kann das verstehen. Andere aber sind dankbar, wenn neben ihrer Ergriffenheit ihr Verstand nicht hungrig bleibt.

Wichtig finde ich, dass Naaman gelernt hat, dem zu gehorchen, dem es sich in dieser Welt allein zu gehorchen lohnt. Das bedeutet nicht, dass ich mich einem Tyrannen unterwerfen und meinen eigenen Willen aufgeben muss. Was es heißt, Gott mehr gehorchen als den Menschen, das, finde ich, wird an dieser Geschichte eindrucksvoll deutlich. Welche Befreiung es bedeutet, nicht immer gegen die sprichwörtlichen Windmühlen um die Verwirklichung der eigenen Vorstellungen zu kämpfen. Welche Befreiung es bedeutet, dem Richtigen zu gehorchen. Der Richtige ist aber der, der mir die Grenzen setzt, die mich nicht um mein Leben und meine Freiheit bringen. Der Richtige ist der, der mir die Grenzen setzt, die mir Leben und Freiheit schenken und erhalten. So wurde Naaman von sich selbst und seinem Größenwahn geheilt. Und damit wird auch der Naaman in uns von diesem Wahn geheilt, in dem er meint, das Leben sei frei nur, wenn es frei von Grenzen sei. Grenzen behindern uns nicht nur. Grenzen nehmen uns nicht nur etwas von unserer Freiheit. Es gibt Grenzen, die einzuhalten uns frei macht zum Leben; zu einem Leben, ohne dessen Begrenztheit wir nicht leben können.

So wurde Naaman gereinigt von dem Aussatz, den wir davon bekommen, wenn wir aus unserer Haut fahren wollen. Wenn wir das Leben nicht so annehmen wollen, wie es ist, sondern nur so, wie wir es uns vorstellen. Von diesem Aussatz gereinigt werden wir, wenn wir wieder zu dem Leben zurückfinden, das Gott uns einst, als wir Kinder waren, geschenkt hat. Das hat Jesus wie der Prophet Elisa vielleicht auch im Kinderevangelium gemeint, als er sagte: „Wenn ihr nicht werdet wie die Kinder, könnt ihr nicht in das Himmelreich kommen.“

So wünsche ich mir in meinem Ruhestand, dass ich gereinigt von der Wut, mit der ich manchmal am liebsten aus der Haut fahren würde, in die Haut eines Kindes fahren kann, in der ich mit den Grenzen mich versöhne, die Gott mir setzt. Kinder können das oft viel besser als Erwachsene. Sie können noch spielen. Spiele ohne Grenzen gibt es nicht. Mit Grenzen spielen, das ist die Kunst der Kinder. So können wir die Geschichte dieser Heilung vielleicht verstehen, dass wir aus der unreinen Haut des Naaman wieder in die heile Haut des Kindes fahren, das wir einmal waren. So können wir geheilt werden von dem Wahn der Grenzenlosigkeit unseres Lebens. So können wir uns versöhnen mit den Grenzen, die Gott unserm Leben setzt. So können wir das Leben gewinnen, wenn wir wieder lernen, mit den Grenzen des Lebens zu spielen.

Ein solches heilsam begrenztes Himmelreich auf Erden wünsche ich mir in meinem Ruhestand - und Ihnen in ihrem Leben - und der Stadtkirchengemeinde in ihrer Lebendigkeit - und den Kollegen, die in der Arbeit zurückbleiben, während ich meinen Ruhestand genieße, sub conditione Jacobaea: Solange Gott will und wir leben. Amen

Und der Friede Gottes, der höher ist als alle Vernunft, bewahre euch in Jesu Christus. Amen

Einleitung zur Predigt über Psalm 121

Die folgende Predigt habe ich auf Einladung in meiner früheren Gemeinde in Hannover gehalten. Ich war um einen Predigtbeitrag zu einer Predigtreihe über Psalmen gebeten worden. Der Psalm 121 ist von der Form her ein sogenanntes Wallfahrerlied. Die Wallfahrt, um die es geht, ist aber nicht irgendein heiliges Tun. Diese Wallfahrt meint gleichsam den Lauf des Lebens. Der Psalm 121 hat seinen liturgischen Ort in Trauerfeiern. Auf den Lebenslauf des Verstorbenen zurückzublicken heißt für mich, der geheimen Führung Gottes in dem zu Ende gegangenen Leben nachzuspüren. Das geht aber nicht ohne auf den zu sehen, der dieses und alles Leben geschaffen und begleitet hat. Damit das kein formales und leeres Theologumenon bleibt, geht es darum, dem geheimen Wirken Gottes in unserm Leben nachzuspüren. Das macht die eigentliche Symbolik der Wallfahrt aus. Aber es geht in dem Psalm nicht nur um die Wallfahrt des jeweiligen Lebens, es geht ebenso um die Wallfahrt der Heilsgeschichte. Um einen Beitrag zum Dialog zwischen Naturwissenschaften und Theologie war ich ebenfalls gebeten worden. Ich habe ihn umso lieber aufgenommen, als ich mit Kollegen in einer systhematisch-theologischen Arbeitsgemeinschaft mich mit Günther Altners Buch über „Charles Darwin und die Instabilität der Natur“ befasst habe. Dort hat mich wieder fasziniert, was Altner darlegt, dass Darwin in seiner Forschung zur Evolution immer wieder darauf gestoßen ist, dass die Evolution nicht kontinuierlich verläuft, sondern Sprünge macht. Darwin hat bemerkt, dass diese Sprünge mit den kausallogischen Mitteln der Naturwissenschaft nicht zu erklären sind. Über dieser Entdeckung ist er darauf gestoßen, dass ihnen nur mit der Methode der hermeneutischen Wissenschaft beizukommen ist. Was nicht logisch aufzulösen ist kann eher mit den Mitteln des Kontingenzmodells verstanden werden. So wurde Darwin zum naturwissenschaftlichen Entdecker der Funktion theologischer Wissenschaft. Das Kontingenzmodell besagt, dass Prozesse, die nicht kausallogisch aufzulösen sind, eher mit den Mitteln des hermeneutischen Zirkels zu fassen sind. Dabei handelt es sich um Prozesse mit einer Eigendynamik, in denen radikal Neues entsteht, das nicht aus dem Vorhergehenden zu erklären ist, sondern nur gleichsam rückwirkend. Dies ist das Geheimnis der Schöpfung der Welt und des Menschen. In beiden wiederholt sich das, was sich nur ereignen und nicht gemacht werden kann. Ohne dies ist weder die Entstehung des Lebens noch der ganze Lebenslauf eines Menschen zu verstehen. In beiden wiederholt sich das Ereignis, das nicht ohne die Mittel der Theologie verstanden werden kann, aber in ihr auch viel zu selten erfahren und erkannt wird. Natürlich gibt es auch gescheitertes Leben, das sich selbst verfehlt hat. Das ist das unvermeidliche Risiko des Lebens. Natürlich kann es auch nie ganz misslingen oder auch ganz gelingen. Aber es gibt einen Punkt, an dem das eine oder das andere überwiegt und das ganze Leben bestimmt.

Predigt zum Sonntag Reminiscere, 20.03.2011, über Psalm 121

Gnade sei mit euch und Friede von Gott unserm Vater und dem Herrn Jesus Christus. Amen

Liebe Gemeinde, angefangen hat es mit dem Buch „Ich bin dann mal weg:“. Der Journalist Hape Kerkeling hat das geschrieben. Mitten aus dem für ihn stressigen Alltag ist er abgehauen. Aber er hat nicht das gemacht, was man sonst erwartet hätte. Er ist nicht einfach ausgestiegen z.B. wie ein Hippie in einen Ashram nach Poona in Indien. Er hat dagegen etwas ganz Altmodisches gemacht. Wie Martin

Luther einst nach Rom so hat sich Hape Kerkeling auf die Wallfahrt nach Santiago die Compostella begeben. So wie Martin Luther zum Grab des Apostels Petrus nach Rom so ist Hape Kerkeling zum Grab des Jakobus nach Santiago gepilgert. Dort steht eine phantastische Kathedrale, nicht viel kleiner als der Petersdom, u.a. mit reizvollen Bräuchen. Wer schon einmal gesehen hat, wie die Mönche dort das gewaltige Weihrauchfass durch die ganze Kirche schwingen, der kann die Faszination verstehen, die von dort ausgeht. Der Jakobsweg zieht Menschen jeden Alters und jeden Standes an. Sie ziehen die Wanderstiefel an und hängen sich die Jakobsmuschel am roten Band um den Hals und wandern los.

Liebe Gemeinde, was aber suchen Menschen wie Hape Kerkeling dort? Mitten aus dem Leben steigen sie aus und wandern per pedes apostolorum zum Grab eines von ihnen. Für moderne Menschen, die gewohnt sind solche Entfernungen eher mit dem Auto, der Bahn oder dem Flugzeug zurückzulegen, ist das eine gewaltige Anstrengung. Ich vermute anstrengender als der berufliche Alltag, dem sie auf Zeit zu entfliehen versuchen.

Solche Pilgerschaft hat es in der Geschichte immer gegeben. Nicht erst in der Zeit des Christentums. Eigentlich gibt es das in allen Weltreligionen. Besonders der Hadch nach Mekka ist bekannt. Jeder Muslim, ob fromm oder säkularisiert, möchte einmal in seinem Leben die Kaaba in Mekka umrunden. In der Zeit des Alten Testament, aber auch in der christlichen Zeit ist Jerusalem ein bevorzugter Wallfahrtsort.

Liebe Gemeinde, auf diesen Wallfahrten haben die Pilger immer schon gesungen und gebetet. Auch der Psalm 121, den ich mir heute für die Reihe der Psalmenpredigten in Ihrer Kirche vorgenommen habe, ist ein uraltes Wallfahrerlied: „Ich hebe meine Augen auf zu den Bergen, / von denen mir Hilfe kommt. / 2 Meine Hilfe kommt vom HERRN, / der Himmel und Erden gemacht hat. / 3 Er wird deinen Fuß nicht gleiten lassen, / und der dich behütet, schläft nicht. / 4 Siehe, der Hüter Israels / schläft noch schlummert nicht. / Der HERR behütet dich; / der HERR ist ein Schatten über deiner rechten Hand, / 6 dass dich des Tages die Sonne nicht steche / noch der Mond des Nachts. / Der HERR behüte dich vor allem Übel, / er behüte deine Seele. / 8 Der HERR behüte deinen Ausgang und Eingang / von nun an bis in Ewigkeit!

Liebe Gemeinde, dieser Psalm ist einer der bekannteren Psalmen, zwar nicht so bekannt wie der 23.Psalm. Aber er ist ein liturgischer Text, der sehr oft z.B. bei Trauerfeiern gebetet wird, also am Ende der Pilgerfahrt unseres Lebens. So schließt auch unser Psalm mit dem Vers: „Der Herr behüte deinen Ausgang und Eingang von nun an bis in Ewigkeit.“

Aber wie jeder Lebensweg mit dem Aufbruch beginnt, so auch unser Psalm: „Ich hebe meine Augen auf zu den Bergen, von welchen mir Hilfe kommt.“ Nun, für die Menschen im flachen Niedersachsen ist die Faszination der Berge ähnlich groß wie für die Bayern die Faszination des Meeres. Die Berge verstellen den Horizont und wie im wirklichen Leben, kann man nicht sehen, was dahinter kommt.

Außerdem ist man auf den Bergen dem Himmel näher. Darum findet man bis heute auf jedem Berg, der es verdient, ein Gipfelkreuz. Berge wurden in der Menschheitsgeschichte immer schon als Orte besonderer Nähe zu Gott empfunden. Bevorzugt standen Bergheiligtümer auf ihnen.

Gleichzeitig sind sie aber auch Orte, die ihre besondere Gefahr bergen. Heutzutage kommen weltweit in Gebirgen fast so viel Menschen um wie auf den Straßen. Der Pilger, der sich auf die Wallfahrt nach Santiago di Compostella begibt, der muss zwar nicht durch die Alpen, aber dafür über die Pyrenäen. Sie sind zwar weniger hoch, aber nicht weniger gefährlich. Sie sind aber auch nicht weniger gefährlich, als die Höhen und Tiefen des Lebens, die wir zu bewältigen haben. Da aber die Gefahren ungewiss sind, können wir Hilfe brauchen. Der Wallfahrer des Psalms fragt sich oder wen auch immer, von wem Hilfe kommen kann. Und der, der ihm antwortet, bekennt ihm „Meine Hilfe kommt von dem Herrn, der Himmel und Erde“ und auch diese Berge gemacht hat.

Von wem aber erwarten Menschen, die nicht an Gott glauben, ihre Hilfe? Auch wenn sie, wie der britische Biologe Richard Dawsons, an keinen Gott glauben, erwarten sie doch im Ernstfall Hilfe, Hilfe z.B. von der Bergwacht des Roten Kreuzes. Aber unweigerlich werden sie dabei mit dem christlichen Kreuz konfrontiert. Henri Dunant, der das Rote Kreuz gegründet hat, hat es zu seinem Zeichen erhoben. Hilfe kommt, wenn sie kommt, unweigerlich von dem, der wenn auch noch so unbewusst, dem christlichen Gebot der Nächstenliebe folgt. Da dieses Gebot heute zunehmend in Vergessenheit gerät, muss es verstärkt durch die Hilfsorganisationen ersetzt werden.

Unauflöslich verknüpft das Wallfahrerlied die Hilfe mit dem Gott, von dem wir Christen glauben, dass er die Welt erschaffen hat und auch erhält. Dabei ist die Frage, wie wir an diesen Gott glauben. Charles Darwin, hat obwohl er ein frommer Mann war, diesem Schöpfungsglauben einen gewaltigen Stoß versetzt. Auf seiner Reise zu den Galapagos-Inseln, hat er Dinge entdeckt, die ihn in schwerste Glaubenszweifel gestürzt haben. In seinem Buch "Die Entstehung der Arten" hat er Gesetzmäßigkeiten aufgezeigt, die seinen Glauben sehr in Frage gestellt haben.

Der Biologe Dawsons ist bei diesen Zweifeln hängen geblieben. Darum hat er sich dazu entschieden, an eine Schöpfung ohne Gott zu glauben. Darwin dagegen hat entdeckt, dass das Gottesbild seiner Zeit dem des christlichen Schöpfergottes widersprach. Im 19.Jahrundert hatte man den christlichen Gott berechenbar gemacht. Er gehorchte mehr dem menschlichen Verstand, als dass er noch Gott war. Als Darwin aber entdeckte, dass die Entstehung der Arten nicht den menschlichen Vorstellungen entsprach, sondern unberechenbare Sprünge macht, da hat er einen Gott wiederentdeckt, der nicht den Menschen gehorcht, sondern dem die ganze Schöpfung gehorcht.

Er entdeckte den Gott, der dem Menschen auf seiner Pilgerschaft durch das Leben vor allem Bösen behütet und bewahrt. Von ihm singt der Pilger des Psalms: „Er wird deinen Fuß nicht gleiten lassen, / und der dich behütet, schläft nicht. / 4 Siehe, der Hüter Israels / schläft noch schlummert nicht.“ Er ist ein Gott, der das Leben, das er uns gegeben hat, behütet und bewacht. Er ist nicht wie Baal, der Fruchtbarkeitsgott der Kanaanäer. Der im Winter schläft und erst im Frühling wieder aufwacht. Unser Gott dagegen ist immer hellwach, er schläft noch schlummert nicht. Bei Tag ist er „ein Schatten über deiner rechten Hand“, sagt der Psalm. Er meint damit, dass seiner Aufmerksamkeit nichts entgeht. Der Psalm setzt sich da mit den altorientalischen Gottheiten auseinander. Die Gestirne, Sonne, Mond und Sterne sahen z.B. die Babylonier als Gottheiten an. Der Gott Israels aber wachte darüber, dass sie wirkungslos blieben. Aus diesen Göttern machte die Schöpfungsgeschichte Lichter und Lampen. Der Schöpfer hängt sie in der Schöpfungsgeschichte wie Lampions an das Firmament und entthront sie damit.

Liebe Gemeinde, so entzauberte und entmythologisierte schon das Alte Testament die von Menschen gemachten Götter. Leider ist es eine der menschlichen Ursünden, dass wir immer wieder versuchen, Gott nach unserem Bilde zu schaffen. Dieser Versuchung erliegt nicht nur Richard Dawsons, der sich lieber keinen Gott macht, als an den zu glauben, der nach unserm Glauben das gemacht hat, was er zu erforschen versucht. Dieser Versuchung ist Charles Darwin nicht erlegen. Er hatte zu tief in die Geheimnisse der Schöpfung geschaut, als dass er Gottes unberechenbare Weisheit hätte übersehen können. Aber auch die sogenannten Kreationisten glauben an einen selbstgemachten Gott. Der Gott der Fundamentalisten birgt in sich die Gefahr, dass die Menschen dem Übel der Selbstüberschätzung erliegen. Sie meinen, die Schöpfungsgeschichte wörtlich glauben zu müssen. Dagegen bittet der Beter des Psalms seinen Gott vor allem, dass er ihn vor dem Übel bewahren möge, sich selbst an Gottes Stelle zu setzen. Nichts kann der Seele des Menschen mehr schaden, als wenn er mehr sein möchte als er ist.

Liebe Gemeinde, wir sind nicht Schöpfer, sondern Geschöpfe. Gott ist ewig und unendlich. Uns setzt er den Anfang mit der Geburt und das Ende mit dem Tod. Grenzen gehören zum Leben. Darum bittet der Beter des Psalms um Gottes gnädige Behütung. „Der Herr behüte deinen Ausgang und Eingang von nun an bis in Ewigkeit." Er gebe uns nicht nur ein seliges Leben, sondern auch einen gnädigen Tod. Wenn wir unsterblich wären, dann wären wir wie er. Das wäre dann der sichere Untergang der Menschheit. Davor bewahre uns Gott auf unserer Pilgerschaft durch dieses Leben, deren Anfang, Mitte und Ende er segnen möge. Amen

Und der Friede Gottes, der höher ist als alle Vernunft, bewahre euch in Jesu Christus. Amen

Einleitung zur Predigt über Johannes 7.

In der Zeit zwischen Himmelfahrt und Pfingsten geht es für mich am Sonntag Exaudi um die Zwischenzeit. Zwischen Vergangenheit und Zukunft liegt als Unerklärliches und Unfassliches der flüchtige Augenblick der Gegenwart. Das Vergangene ist vergangen, der Auferstandene ist gen Himmel gefahren. Er ist endgültig weg und die Jünger sind endgültig alleine zurückgelassen. Thema ist der unumkehrbare Abschied. Die Jünger sind definitiv auf sich selbst zurückgeworfen. Wenn sie jetzt nicht zu sich selbst kommen, sind sie verloren. Was sie aber bei sich selbst finden können, ist, wenn sie es zulassen, die Trauer um den, den sie verloren haben. Vielfältig sind heute die Versuche von Hinterbliebenen dem zu entrinnen. Die einen fürchten in der Trauer wie im Bodenlosen zu versinken. Der Abgrund kann die einen verschlingen. Die anderen werden ihm zu entfliehen versuchen. Die große Chance unseres Lebens ist, in dieser Situation die Quelle neuen Lebens zu entdecken. Die große Gefahr unseres Lebens ist, in dieser Situation zu erstarren oder uns in der Flucht vor beidem zu verflüchtigen. Die große Chance unseres Lebens ist, in diesem Zwischen zwischen endgültiger Vergangenheit und ungewisser Zukunft, von dem Geist erfüllt zu werden, der das Unmögliche schafft, uns ein neues Leben zu schenken, das wir vorher nicht gekannt haben und nachher nicht mehr finden können.

Predigt am 6. Sonntag nach Ostern, Exaudi, 5. Juni 2011 über Joh. 7.37-39

Gnade sei mit euch und Friede von Gott unserm Vater und dem Herrn Jesus Christus. Amen

Am letzten Tag des Festes, der der höchste war, trat Jesus auf und rief: Wen dürstet, der komme zu mir und trinke! Wer an mich glaubt, wie die Schrift sagt, von dessen Leib werden Ströme lebendigen Wassers fließen. Das aber sagte er von dem Geist, den sie empfangen sollten, die an ihn glaubten; denn der Geist war noch nicht da; denn Jesus war noch nicht verherrlicht.

Liebe Gemeinde, heute am Sonntag Exaudi liegt Christi Himmelfahrt hinter uns und das Pfingstfest vor uns. Wir leben gleichsam in einer Zwischenzeit. An Himmelfahrt ist Christus in den Himmel aufgefahren und an Pfingsten wird er wiederkommen. Aber er kommt nicht wieder als der, als der er in dem Himmel aufgefahren ist. Er kommt wieder in den Flammen des Heiligen Geistes, mit denen er die Herzen der Menschen erfüllt. Heute gilt es weder die Himmelfahrt zu wiederholen, noch das Pfingstfest vorwegzunehmen. Heute gilt es, die Zwischenzeit zwischen dem Abschied und der Wiederkunft zu erleben und zu verstehen.

Liebe Gemeinde, Sie kennen das alle. Sie wissen, wie es einem geht, wenn ein Mensch sich verabschiedet hat und z.B. weggefahren ist. Die Gefühle, die wir dabei erleben können, kennen Sie. Sie sind keineswegs nur angenehm. Viele Menschen versuchen sie zu vermeiden. Sie beschäftigen sich schleunigst mit etwas anderem. Manche haben es z.B. am Bahnhof sehr eilig davonzukommen sowohl als Abreisende wie als Verabschiedende.

Anders wird es von den Jüngern Jesu erzählt. Nach Jesu Himmelfahrt standen sie da und sahen gen Himmel. Einerseits staunten sie darüber, wie er wunderbar emporgehoben war. Andrerseits ergriff sie das Gefühl der Trauer. Nun waren sie wirklich allein. Es war ähnlich wie an Karfreitag. Aber eigentlich war es schlimmer. Nach Karfreitag wurden sie an Ostern getröstet. Er war nicht tot, er war auferstanden. In der Zeit nach Ostern war er auf eine wundersame Weise bei ihnen. Wie die Emmausjünger begleitete er die Zurückgebliebenen und erklärte ihnen, was das alles zu bedeuten hatte. Aber an Himmelfahrt war er, fürchteten sie, endgültig weg. Sie mussten Abschied nehmen und alleine zurechtkommen. Es war wie beim Tod eines Menschen. Eine gewisse Zeit lang kann man sich an den Erinnerungen trösten. Es sind nicht nur schöne, sondern auch schmerzliche. Aber irgendwann verlassen sie einen. Wir müssen endgültig Abschied nehmen. Wer dann nicht trauern kann, der ist schlecht dran.

Liebe Gemeinde, in diese Zwischenzeit der Ungewissheit und Unsicherheit, in diesem Schwebezustand zwischen Himmelfahrt und Pfingsten spricht der Predigttext aus dem Johannesevangelium, der uns für heute aufgegeben ist: „Wen dürstet, der komme zu mir und trinke!“ Wer Sehnsucht spürt nach dem, was er verloren hat, der komme her zu mir, spricht Christus, und trinke von dem wonach ihn dürstet.

Liebe Gemeinde, unser Predigttext erzählt, dass Jesus auf seiner Wanderung nach einigem Zögern doch noch zum Fest nach Jerusalem hinaufzog. Er zögerte, weil er wie die ersten Christen den jüdischen Festen kritisch gegenüberstand. Das Fest, zu dem Jesu Jünger hinaufgezogen waren, war das Laubhüttenfest. In Kanaan war es das Fest der Traubenernte. Es wurde und wird im Judentum bis heute Ende September, Anfang Oktober gefeiert.

An diesem Fest gedenken die Juden aber auch der Zeit der Wüstenwanderung. Zur Erinnerung daran bauen sie bis heute Laubhütten aus Palmzweigen und anderen Ästen. In diesen Hütten essen und trinken sie miteinander. Die orthodoxen Juden schlafen auch des Nachts darin. Sie erinnern sich dabei an die 40 Jahre währende Wüstenwanderung. Sie betrauern dabei den Abschied von den Fleischtöpfen Ägyptens. Und sie freuen sich auf das neue verheißene Land der Freiheit, in dem Milch und Honig fließen sollten. All diesen Feiern standen Jesus und die ersten Christen kritisch gegenüber. Sie hielten nicht viel davon. Sie sahen, dass die Juden vor lauter Feiern gar nicht mehr an das dachten, was sie da feierten. Erst am letzten Festtag, der der höchste war, ging Jesus hinauf in den Tempel. An diesem letzten Tag schöpfte man Wasser, siebenmal, und goss es auf den Altar. Der Fels, auf den man das Wasser goss, war das Zentrum des damaligen jüdischen Tempels. Heute ist er das Zentrum des Felsendoms auf dem Tempelberg in Jerusalem. Von ihm soll der Prophet Mohammed wie einst Elia gen Himmel gefahren sein: Die Juden dagegen glaubten, dass er der Fels sei, aus dem Mose auf der Wüstenwanderung das Wasser schlug. Mit diesem Wasser rettete Gott das wandernde Gottesvolk vor dem Verdursten. Zur Erinnerung an diese wunderbare Errettung schöpfte man damals Wasser und goss es auf den Altar. Jesus aber zweifelte daran, dass die Juden noch wussten, woran das Fest sie erinnern sollte. Die meisten hatten es längst vergessen, wie manche bei uns z.B. nicht mehr wissen, warum wir Weihnachten feiern.

Liebe Gemeinde, mutig stellte sich Jesu darum an den Altar und rief: „Wen dürstet, der komme zu mir und trinke! Wer an mich glaubt, von dessen Leib werden Ströme lebendigen Wassers fließen.“ Mitten im besinnungslosen Festtrubel stellte sich Jesus hin wie einst Mose. Er schlug aber nicht wirkliches Wasser aus dem Felsen. Vielmehr stellte er sich hin und rief: „Ich bin der Fels. Ich bin das Wasser des Lebens. Wen danach dürstet zu wissen, was hier gefeiert wird, der komme zu mir und trinke von mir.“ Im Grunde meinte der Evangelist Johannes wie in seinen berühmten Ich-Bin-Worten, wie „Ich bin der gute Hirte“, „Ich bin der Weinstock!“ oder „Ich bin das Brot des Lebens!“, dass Jesus rief: „Ich bin der Fels. Ich bin das Wasser des Lebens. Wen dürstet, der komme zu mir und trinke von mir!“ Für die Juden war das eine ungeheure Anmaßung und ein unglaubliches Ärgernis. Sie wollten lieber feiern ohne nachzudenken. Sie wollten sich lieber dem Festtrubel hingeben. Sie wollten nicht wissen, was sie da taten. Gegen diese Sinn- und Besinnungslosigkeit ging Jesus vor. Er stellte sich nicht nur an die Stelle des Ritus. Er stellte sich nicht nur an die Stelle des Moses. Er setzte sich an die Stelle des Wassers: Ich bin das Wasser des Lebens. Wer an mich glaubt, der wird nicht nur selbst neues Leben gewinnen, sondern von dem werden auch Ströme lebendigen Wassers ausgehen.

Liebe Gemeinde, Jesus meint damit, der Glaube ist wie Wasser, ohne das wir nicht leben können. Es erquickt und erfrischt uns. Ja, er ist für uns selber da. Aber ein Glaube, sagt Martin Luther, der keine Frucht trägt, ist ein toter Glaube. Ein Glaube, der keine Frucht trägt, ist ein toter Glaube, wie seine Werke tot sind, wenn sie nicht aus dem Glauben geboren werden. Wie wir durch den Glauben neu geboren werden, so quillt aus dem Glauben wie aus einer Quelle neues Leben nicht nur für uns selbst, sondern auch für unsern Nächsten. Wie wir aus der Quelle des Glaubens leben, so werden wir selbst zur Quelle des Glaubens auch für andere. Anders als in der Gemeinde kann der

Glaube nicht Quelle des Lebens sein. Er fließt immer fort und fort. Aber die Quelle des Glaubens sprudelt immer nur aus dem Felsen. Wenn der Fels nicht mehr Ort der Quelle ist, erstarrt er und die Quelle versiegt. Der erstarrte Glaube, gegen den Jesus sich setzt, war nicht nur das Problem des Judentums. Er ist auch unseres. Auch unser Glaube kann erstarren wie ein Fels, in dem die Quelle versiegt. So wie wir eingespannt sind zwischen Himmelfahrt und Pfingsten, so ist unser Glaube eingespannt zwischen Vergehen und Werden. Ein Glaube, der nicht vergehen kann, der kann auch nicht neu erstehen. So kann auch das Leben nicht lebendig sein ohne den Tod. Wenn wir unsern Glauben festhalten wollen, dann besteht Gefahr, dass er zum Felsen wird, aus dem kein Quell mehr entspringt. Wenn wir unser Leben krampfhaft festhalten wollen, um dem Tod zu entfliehen, dann besteht Gefahr, dass aus ihm kein neues Leben mehr hervorgehen kann.

Der Geist aber, den Jesus uns an Pfingsten verheißt, das ist der Tröster, der uns tröstet, wenn unser Glaube wie unser Leben erstirbt und vergeht. Aber er ist auch der Helfer, der hilft, dass unser Glaube aus dem Fels als Quelle wieder hervorquillt, als Quelle des Lebens für uns und die anderen. So lasst uns nun fortschreiten von der Himmelfahrt Christi zum Pfingstfest, an dem Christus zu uns kommen wird als der Tröster, der uns in der Vergänglichkeit unseres Glaubens wie unseres Lebens, tröstet und als Helfer, der unserem vergehenden Glauben zu neuem Leben verhilft. Amen

Und der Friede Gottes, der höher ist als alle Vernunft, bewahre euch in Jesu Christus. Amen

Einleitung zur Predigt über Markus 1,32-39

In dieser Heilungsgeschichte bringt uns Jesus sein Evangelium in der festen Überzeugung, dass es auch ohne ihn wirkt. Er will uns trösten und helfen, aber er kann uns nicht befreien von den unausweichlichen Zumutungen des Lebens. Dazu gehört, dass er uns die Zumutungen des Lebens nicht abnehmen kann. Dazu gehört, dass er uns mit unserm Leben versöhnen will. Von seinen Zumutungen kann er uns nicht befreien. Er will uns kein grenzenloses Leben geben. Jesu kann uns nur heilen von unserer Sehnsucht nach einem besseren und schöneren Leben ohne Kreuz, Leid und Tod. Für mich ist das immer noch die unübertreffliche Botschaft des Evangeliums von Jesus Christus. Denn ohne Grenzen gibt es keine Lebendigkeit in unserm Leben. An dieser Grenze endet unser Eigensinn. An ihr beginnt die Freiheit, die uns Gott schenkt. Er will uns versöhnen mit allem, was zu unserm Leben gehört, dem Guten, das er uns schenkt und dem Schlimmen, das er uns zumutet. In unserm Unverstand wollen wir, dass alles Gute von ihm, und alles Böse von einem andern kommt, zum Beispiel den bösen Geistern. Die aber bringt Jesus als ihr Herr zum Schweigen. Das ist das eigentliche Wunder, das Jesus tut, dass er uns mit unserm Leben versöhnt. Darin dass Gott in Jesus ist „Alles in Allem“, können wir alles, was uns in unserm Leben begegnet, als von ihm annehmen.

Predigt am 19. S.n.Tr., 30.10. 2011 über Markus 1,32-39

Gnade sei mit euch und Friede von Gott unserm Vater und dem Herrn Jesus Christus. Amen

Am Abend aber, als die Sonne untergegangen war, brachten sie zu Jesus alle Kranken und Besessenen. Und die ganze Stadt war versammelt vor der Tür. Und er half vielen Kranken, die mit mancherlei Gebrechen beladen waren, und trieb viele böse Geister aus und ließ die Geister nicht reden; denn sie kannten ihn.

Und am Morgen, noch vor Tage, stand er auf und ging hinaus. Und er ging an eine einsame Stätte und betete dort. Simon aber und die bei ihm waren, eilten ihm nach. Und als sie ihn fanden, sprachen sie zu ihm: Jedermann sucht dich. Und er sprach zu ihnen: Lasst uns anderswohin gehen, in die nächsten Städte, dass ich auch dort predige; denn dazu bin ich gekommen. Und er kam und predigte in ihren Synagogen in ganz Galiläa und trieb die bösen Geister aus.

Der Herr segne dies Wort an uns allen. Amen

Liebe Gemeinde, im Orient beginnt auch heute noch der neue Tag mit dem Vorabend. Wenn die Sonne untergeht und die Hitze des Tages abnimmt, wird das Leben leichter. Aber der Abend ist nicht nur wörtlich zu verstehen. Er ist transparent auf eine Grundbedeutung unseres Lebens. Aus der Bibel hat Johann Sebastian Bach das in der Matthäus-Passion aufgenommen. Im Rezitativ nach der Kreuzabnahme heißt es: „Am Abend, da es kühle ward, war Adams Fallen offenbar. Am Abend drücket ihn der Heiland nieder. Am Abend kam die Taube wieder und trug ein Ölblatt in dem Munde. Oh schöne Zeit! O Abendstunde! Der Friedensschluss ist nun mit Gott gemacht, denn Jesus hat sein Kreuz vollbracht…." Der Abend war nicht nur der Anfang eines neuen Tages. Er war in unserm Predigttext auch noch das Ende des Sabbats und der Beginn einer neuen Woche. An diesem Abend brachten die Bewohner Kapernaums ihre an Leib und Seele Kranken zu Jesus. Jesus sollte ihnen einen neuen Morgen schenken. Er sollte sie heilen.

Dabei finde ich, dass die Grenze zwischen den Kranken und Besessenen und den anderen Bewohnern Kapernaums fließend ist. Man könnte fast meinen, alle seien irgendwie krank gewesen. Die ganze Stadt, d.h. alle Bewohner standen erlösungsbedürftig vor der Tür des Hauses des Simon. So meint die Geschichte, dass auch wir alle irgendwie krank und besessen sind. Denn im Unterschied zum Tier kann der Mensch, dem Gesetz seines Lebens nicht treu bleiben. Von Gott aus war er sehr gut geschaffen, aber von sich aus ist er verderbt von Jugend an.

Liebe Gemeinde, Jesu Wundertätigkeit erweckt den Anschein, als sei er als der große Reparateur in diese Welt gekommen. Aber erst wenn wir genau hinsehen, dann steht da nicht, dass er die Krankheiten beseitigte. Es heißt vielmehr: „Er hat vielen Kranken, die mit mancherlei Gebrechen beladen waren, geholfen." Es heißt ausdrücklich nicht, wie wir es gerne lesen, dass er die Krankheiten aus der Welt geschafft habe. Sonst könnte man ja meinen, er habe auch den Tod aus der Welt geschafft. Alle von Jesus Geheilten, und auch der von den Toten auferweckte Lazarus sind irgendwann gestorben.

Die Jesusgeschichten erzählen davon nichts. Aber ohne Frage wird es geschehen sein, denn sonst lebten sie noch heute. Sie sind gestorben wie jeder Mensch. Aber im Glauben hat der Tod ihnen nicht mehr schaden können.

Liebe Gemeinde, nach den körperlichen Leiden trieb Jesus die bösen Geister aus. Die Frage für uns heute, die wir nicht mehr an böse Geister glauben, ist, was damit gemeint ist. Wenn Sie selbst, liebe Gemeinde, an Ihre eigenen Krankheits- und Leidensgeschichten denken, dann können Sie sich, glaube ich, ganz gut einfühlen, in das, was da gemeint ist. Die Grenze zwischen den Gebrechen und den bösen Geistern ist gewiss fließend. Auch wir heute können uns von Krankheiten, die wir nicht mehr los werden, wie von bösen Geistern besessen fühlen. Dass Jesus den bösen Geistern zu schweigen gebot, bezieht sich unter anderem auf eine der vorhergehenden Heilungsgeschichten. Da trieb Jesus die bösen Geister aus dadurch, dass er sie zum Schweigen brachte. So oder ähnlich möchten auch wir manchmal das, was uns plagt, zum Schweigen bringen. Jesus kannten sie. Deswegen wussten die bösen Geister, dass sie angesichts seiner Macht keine Macht mehr hatten. Auch hier tut Jesus nicht das, was wir gerne hätten: Er schaffte die bösen Geister nicht ab. Sie blieben und sind auch heute noch da, auch wenn wir nicht mehr an sie glauben. Jesus konnte sie zum Verstummen bringen. Das half damals und kann auch heute noch helfen. Wenn Menschen z.B. von schrecklichen Schmerzen geplagt sind, dann kann das eine große Erleichterung bringen, wenn sie im Gebet Jesus ihre Schmerzen aufladen. Dadurch können sie ihre Macht verlieren, mit der sie uns beherrschen wollen wie böse Geister.

Liebe Gemeinde, damit ist der erste Teil unseres Predigttextes zu Ende. Im zweiten Teil wird erzählt, dass Jesus als Gast im Haus des Simon schlief. Bei manchen Wundern Jesu wird erzählt, dass die Heilung ihn Kraft kostete. Zum Beispiel bei der Heilung der blutflüssigen Frau, die den Saum seines Mantels unbemerkt berührte, merkte er, dass eine Kraft von ihm ausging. Das hat ihn erschöpft und ermüdet. Darin wird Jesu Menschlichkeit sichtbar. Er war erschöpft, von dem, was er tat, vom Predigen und vom Heilen und vom Kampf mit den bösen Geistern. Und wie jeder Mensch musste sich auch Jesus erholen. Aber er schlief nur kurze Zeit. Früh stand er auf. In der Kühle des Morgens wollte er mit sich alleine sein und zu seinem Vater beten. Das Gebet Jesu, wie es uns im Vaterunser überliefert ist, ist das Gespräch mit seinem Vater. Das war seine Kraftquelle. Aber auch in diesem Gebet bat Jesus seinen Vater nicht um das, was unmöglich war, sondern er betete: Dein Wille geschehe! Das könnten wir uns merken, wenn wir wieder einmal mit dem Kopf durch die Wand wollen. Besser als uns den Kopf einzurennen, sollten wir fragen, was möglich ist. Und wirklich möglich ist nur das, was Gottes Wille ist. Es wäre besser für uns, wenn wir ihm folgten, als uns den Kopf zu zerbrechen, auch wenn Gottes Wille in der Regel schwer zu ergründen ist.

Liebe Gemeinde, aber wie alles, was Jesus tat, war auch das für die Menschen um ihn von höchster Anziehungskraft. So war auch Simon mit seiner Familie und den Jüngern davon magisch angezogen. Im griechischen Text heißt es nicht: „Sie eilten ihm nach“, sondern: „Sie verfolgten ihn.“ Und als sie ihn fanden, heißt es weiter, machten sie ihm Vorwürfe: „Jedermann sucht dich.“ Wie bei der Speisung der Fünftausend wollten sie ihn festhalten. Sie wollten ihn zu ihrem Wunderheiler machen. So machen es bis heute alle möglichen Gurus, die unsere gottlose Welt bevölkern. Sie wollen die Menschen belügen und betrügen. Im Unterschied zu Jesus versprechen sie ihnen das Blaue vom Himmel und mehr, als sie halten können.

Jesus aber antwortete ihnen: „Lasst uns weiter gehen, in die nächsten Städte, dass ich auch dort predige; denn dazu bin ich gekommen.“ Jesus kam und kommt nicht, um sich von uns festhalten zu lassen. Er bringt uns sein Evangelium in der festen Überzeugung, dass es auch ohne ihn wirkt. So geht Jesus aus wie der Sämann im Gleichnis, der seinen Samen ausstreut übers Land über die, die sein Wort hören und ihm glauben, und über die, die es nicht fassen und untergehen in ihrer verzweifelten Hoffnung. Unsere Hoffnungen sind meist größer als die, die Jesus uns macht. Das aber ist sein Auftrag, nicht zu bleiben, sondern uns dem Evangelium zu überlassen. Allein das kann uns helfen. So gehört zu Jesu Verkündigung nicht nur das, was er uns gibt, sondern auch was er uns nimmt. Er will uns trösten und helfen, aber er kann uns nicht retten vor den unausweichlichen Zumutungen des Lebens. Dazu gehört, dass er uns nicht von unserem Leben erlösen will. Dazu gehört, dass er uns in unserem Leben trösten will; uns damit versöhnen will, dass es Grenzen hat. Von ihnen kann er uns nicht befreien. Er will uns kein besseres Leben geben. Er will uns vielmehr mit ihm versöhnen. Jesu kann uns nur heilen von unserer Sehnsucht nach einem besseren und schöneren Leben ohne Kreuz, Leid und Tod. Für mich ist das immer noch die unübertreffliche Botschaft des Evangeliums von Jesus Christus: Dass wir uns in Gottes Willen fügen und darin die Freiheit von den bösen Geistern entdecken. Diese Freiheit allein kann uns neues Leben schenken. Denn ohne Grenzen gibt es keine Lebendigkeit in unserm Leben. An dieser Grenze endet unser Eigensinn. An ihr beginnt die Freiheit, die uns Gott schenkt. Wir können sie uns nicht selber geben. Damit raubten wir uns selbst das Leben, das uns Gott täglich neu schenkt. Das ist seine Heilung, mit der er uns täglich neu heil macht. Er will uns versöhnen mit allem, was zu unserm Leben gehört, dem Guten, das er uns schenkt, und dem Schlimmen, das er uns zumutet. Vor allem aber will er uns versöhnen mit dem, das wir unversöhnlich aus unserm Leben entfernen wollen. Er will uns mit allem versöhnen, was zu unserm Leben gehört. Denn alles, auch wenn wir es nicht fassen können, kommt von ihm: Alles Leben, Gesundheit, Liebe, Genuss, Freude, Freiheit, ja die ganze Fülle des Lebens kommt von ihm. Dazu gehören aber auch Arbeit, Mühsal, Plage, Schmerz, Kummer, Krankheit. Ja selbst den Tod schickt er uns. In unserm Unverstand wollen wir, dass alles Gute von ihm, und alles Böse von einem andern kommt. Aber von wem? Dem Bösen, von Tod und Teufel oder den bösen Geistern? Die aber bringt Jesus zum Schweigen. Denn sie kennen ihn besser als wir. Sie erkennen in ihm ihren Meister. Denn keiner ist mächtiger als er. Das ist unser Trost am Evangelium, dass wir ihn haben. Denn alles kommt von ihm. Wir können es auch nicht in uns selbst finden. Das aber ist das eigentliche Wunder, das Jesus tut, dass er uns mit unserm Leben versöhnt.

Wenn wir nur dieses Wunder fassen könnten, denn er ist alles in allem! In ihm hat sich Gott mit uns versöhnt, dass wir ganze Menschen seien. Darin dass Gott in Jesus ist „Alles in Allem“, können wir alles, was uns in unserm Leben begegnet, als von ihm annehmen. Denn außer ihm ist keiner mächtiger als er. Alles was wir auseinanderreißen wollen, fügt er zu dem Großen Ganzen zusammen, in dem Gottes Reich wirklich werden kann - in unserm Leben und - in dieser Welt. Dass wir dies fassen und glauben, das will uns Jesus mit seinen Wundertaten schenken. Amen

Und der Friede Gottes, der höher ist als alle Vernunft, bewahre Eure Herzen und Sinne in Jesus Christus unserm Herrn. Amen

Einleitung zur Predigt über Lukas 22,31-34

Müssen wir wie Petrus gespalten bleiben? Müssen wir Kraftmeier und Feigling zugleich sein und bleiben? Für die Frommen in und unter uns ist das eine schwere Anfechtung. Die wollen lieber wie der Satan die Spreu vom Weizen scheiden. Wir sind und bleiben mit allen überzeugenden Gestalten der Bibel „der Mensch im Widerspruch“, im Zwiespalt. Das ist der unübertreffliche anthropologische Realismus der Bibel. So ist der Mensch. So ist er nicht schlecht, der Mensch. Schlecht und wie vom Teufel besessen wird er erst, wenn er diesen Zwiespalt aufzuheben versucht. Wenn er versucht, die Welt und sich selbst zu verbessern. Dann versucht er dem zu entrinnen, wie Gott ihn geschaffen hat. Er hat uns in diesem Zwiespalt geschaffen. Aber er hat uns auch in und aus diesem Zwiespalt erlöst. Alle Selbsterlösungsversuche enden in der Katastrophe, in der der Mensch dann seine Begrenztheit erlebt. Dann muss uns der Tod als Strafe für unsere Sünde und als ein Werk des Teufels erscheinen. Dass uns Gott so geschaffen hat, mag keiner so recht glauben. Aber erst, wenn wir uns im Kreuz Jesu und in seiner Auferstehung festmachen, dann können wir von dieser Katastrophe erlöst werden. Dann erst kann Gottes Werk der Versöhnung des Menschen mit sich selbst gelingen. Und wenn sie gelingt, ist sie nicht unser oder des Teufels Werk. Sondern dann dürfen wir sie als Gottes Geschenk annehmen. Dann dürfen wir mit Jesus von den Toten auferstehen in ein Leben, befreit von der Angst vor dem Bösen in der Welt und uns selbst. Dann dürfen wir auferstehen aus der teuflischen Angst vor dem Tod in ein Leben in Frieden und Freiheit und der Versöhnung unser mit uns selbst und der Welt mit sich selber.

Predigt am Sonntag Invokavit, 17.2.2013 über Lukas 22,31-34

Gnade sei mit euch und Friede von Gott unserm Vater und dem Herrn Jesus Christus. Amen

Der heutige Predigtext steht beim Evangelisten Lukas im 22. Kapitel:

Jesus sprach zu Petrus: Simon, Simon, siehe, der Satan begehrt euch zu sieben wie den Weizen. Ich aber habe für dich gebetet, dass dein Glaube nicht aufhöre. Und wenn du dereinst dich bekehrst, so stärke deine Brüder. Er aber sprach zu ihm: Herr, ich bin bereit, mit dir ins Gefängnis und in den Tod zu gehen. Er aber sprach: Petrus, ich sage dir: Der Hahn wird heute nicht krähen, ehe du dreimal geleugnet hast, dass du mich kennst.

Der Herr segne dies Wort an uns allen. Amen

Liebe Gemeinde, früher, als die Menschen noch ihr täglich Brot selber backen mussten, da begann diese Arbeit mit dem Sieben des Getreides. Das Korn wurde in ein grobes Sieb geschüttet. Das wurde geschüttelt und zurück blieb die Spreu, die so vom Weizen geschieden wurde. Aber zurück blieben auch das berüchtigte schwarze Mutterkorn und der Dreck, den die Mäuse hinterlassen haben. An dem Mutterkorn haben sich die Menschen durch die Jahrtausende schwerste Vergiftungen zugezogen. Die berühmteste Kreuzigungsdarstellung der Kunstgeschichte, ist der Isenheimer-Altar im Unterlinden-Museum in Colmar im Elsass. Er zeigt den Gekreuzigten nicht als Pestkranken, wie gemeinhin angenommen wird, sondern mit den Symptomen dieser grässlichen Vergiftung. Der Antoniterorden hatte im Mittelalter die Versorgung der Menschen übernommen, die am sogenannten Antoniusfeuer litten. So nannte man diese Vergiftungserscheinungen. Für das Spital der Antoniter in Isenheim hatte Matthias Grünewald diesen Altar geschaffen.

Nun aber zurück zu unserm Text. Dort sprach Jesus den Petrus nicht mit dem Namen an, den er ihm gegeben hatte. Er nannte ihn nicht Petrus, den Felsen, auf den er seine Kirche gründen wollte. Sondern er nannte seinen ursprünglichen Namen Simon. Der kommt aus dem Hebräischen und heißt „Höre". Höre, Simon, der Satan begehrt, euch zu sieben wie den Weizen. Damit spricht er ihn nicht als den Träger eines Amtes an, sondern als einfachen Menschen. Er spricht ihn an in seiner Stärke, aber auch in all seiner menschlichen Schwachheit. Dass er wie alle Menschen beide Seiten hatte, das war bei ihm exemplarisch ausgeprägt. Jesus spricht ihn damit an, dass er nun auf dem Kreuzweg Jesu sich nicht nur seiner Stärke, sondern auch seiner menschlichen Schwachheit bewusst sein solle. Wie am Anfang der Hiobgeschichte bezieht er sich auf den Satan, der den frommen Hiob in Versuchung führen sollte. Diese Szene hat dann Goethe angeregt zur berühmten Szene zum Eingang seines Faust. So bekommt der Satan von Gott Erlaubnis, den Menschen in Versuchung zu führen. So wird der Satan nun die Jünger auf der Via Dolorosa in Versuchung führen. Damit soll er die Spreu vom Weizen trennen.

Liebe Freunde, damit spricht Jesus ein menschliches Grundproblem an. Wir alle haben zwei Seelen, ach, in unserer Brust. So formuliert es Goethe in seinem Faust. Wir alle haben einen Kraftmeier in unserer Brust, aber zugleich einen Schwachmatikus. Für dieses menschliche Grundproblem ist Petrus die Symbolgestalt.

Liebe Freunde, und wie das so typisch für ihn ist, protzt er nun los, wie wir es aus der Matthäus-Passion besser kennen: „Und wenn ich mit dir sterben müsste, so will ich dich doch nicht verleugnen!“ Ob er sich dabei bewusst war, was er da Jesus versprach? Ich wage es zu bezweifeln. Was aus dem Geist des Widerspruchs geboren ist hält in der Regel nicht, was es verspricht. Der Widerstand ist ein schlechter Ratgeber. Er ist aus Trotz geboren. Er will nicht wahrhaben, dass unsere Kraft Grenzen hat. Das wäre peinlich und beschämend oder gar traurig. All das sind die Gefühle, die wir gerne vor uns und anderen verbergen. Umso erstaunlicher war es in der vergangenen Woche, dass der Papst, der bisher ein Mann starker Worte und harter Entscheidungen war, sich der Schwachheit seines Alters beugte und seinen Rücktritt ankündigte. Darin erwies er sich als ein echter Nachfahre Petri. Aber ohne Spott und Schadenfreude empfand ich es als eine echte Umkehr. Das entspricht dem, was Jesus in unserm Text zu Petrus sagte: Wenn du umkehrst, so stärkst du deine Brüder. Wenn man Schwäche zeigt, kann man unter Menschen mehr Achtung gewinnen als mit starken Worten. Die stärken eher die falsche Seite in uns, die Seite, mit der wir mehr sein wollen als wir sind. Gegen die Großmäuligkeit des Petrus interveniert Jesus. In der Matthäus-Passion entgegnete er ihm: Ehe der Hahn kräht, wirst du mich dreimal verleugnen. Mit der Verleugnung rettete Petrus vermutlich sein Leben. Aber damit verriet Petrus auch seinen Herrn. Ohne es selbst zu wissen, wurde er damit aber auch zum Vollstrecker des göttlichen Heilsplans, wie z.B. auch Judas, der Verräter, oder Pilatus der Stadthalter der Römer. Angesicht solcher Doppeldeutigkeit der biblischen Botschaft müssen wir uns fragen: Ist es möglich, dem Zwiespalt in uns zu entrinnen? Müssen wir sozusagen gespalten bleiben? Müssen wir Kraftmeier und Feigling zugleich sein und bleiben?

Liebe Freunde, für die Frommen in und unter uns ist das eine schwere Anfechtung. Aber es gilt, was der Apostel Paulus unübertrefflich genau formuliert hat: Das Gute, das ich will, tue ich nicht, sondern das Böse, das ich nicht will, das tue ich. Der Apostel Paulus stand menschlich auf der anderen Seite als Petrus. Petrus war der Kraftmeier, der sich seiner Schwachheit schämte, und Paulus war der

Starke, der sich seiner Schwachheit rühmte. Wir sind und bleiben mit allen überzeugenden Gestalten der Bibel „der Mensch im Widerspruch" im Zwiespalt. Das gilt von der Schöpfung an, von Adam und Eva über die Väter des Alten Testaments und dem König David bis zu Jesus. Der Zwiespalt, in dem wir stecken, ist nicht zu überwinden. Wir stecken in ihm fest. Das ist der unübertreffliche anthropologische Realismus der Bibel. So ist der Mensch.

Aber liebe Freunde, so ist er nicht schlecht, der Mensch. Schlecht wird er erst, wenn er diesem Zwiespalt zu entrinnen versucht. Wenn er versucht, in eine bessere Welt und in ein besseres Menschenbild zu fliehen. Dann versucht er dem zu entrinnen, wie Gott ihn geschaffen hat. Er hat uns in diesem Zwiespalt geschaffen. Aber er hat uns auch in und aus diesem Zwiespalt erlöst. Alle Selbsterlösungsversuche enden in der Katastrophe, in der der Mensch dann seine Begrenztheit erlebt. Dann muss uns der Tod als Strafe für unsere Sünde und als ein Werk des Teufels erscheinen. Dass uns Gott so geschaffen hat, mag keiner so recht glauben. Aber erst, wenn wir uns im Kreuz Jesu festmachen, dann können wir von dieser Katastrophe erlöst werden. Dann erst kann Gottes Werk der Versöhnung des Menschen mit sich selbst in der Passion Jesu gelingen. Und wenn sie gelingt, ist sie nicht von uns gemacht. Sondern dann dürfen wir sie als Gottes Geschenk annehmen. Dann dürfen wir mit Jesus von den Toten auferstehen in ein Leben, befreit von der teuflischen Todesangst, in ein Leben in Frieden und Freiheit und der Versöhnung mit uns selbst.

Und der Friede Gottes, der höher ist als alle Vernunft, bewahre eure Herzen und Sinne in Christus Jesus. Amen

Einleitung in die Predigt über die Bach-Kantate BWV 20

Bei den Predigten aus Anlass von Kantaten-Gottesdiensten war mir immer wichtig, die Musik Bachs musikalisch und theologisch zu deuten. Die Menschen kommen heute sehr zahlreich zu den Kantatengottesdiensten. Die Musik, zumal wenn sie live aufgeführt wird, zieht die Menschen geradezu magisch an. Nach meinem Eindruck kommen sie aber vor allem, um die Musik zu genießen. Damit folgen sie ihrer geheimnisvollen Anziehungskraft. Die Gefahr ist, dass sie dabei die musikalische und theologische Botschaft überhören. Nach meiner Erfahrung sind oft nicht nur die Hörer, sondern auch die Musiker dankbar, wenn der Prediger versucht, ihnen die Botschaft der Kantaten zu vermitteln. Das setzt beim Prediger musikalische Grundkenntnisse voraus und die Fähigkeit die Musik theologisch zu deuten.

Zur Kantatenpredigt gehört, dass man die Kantate historisch und stilistisch richtig einordnet und ihren formalen Aufbau deutlich macht. Bei der vorliegenden Kantate handelt es sich um die erste Choral-Kantate des zweiten Kantatenjahrgangs Bachs. Den theologischen Skopus des Gleichnisses hat Bach textlich, formal und musikalisch umgesetzt. Nach meiner Deutung geht es dabei darum, dass der von seinem Reichtum berauschte Mensch nicht die Gebrochenheit seiner menschlichen Existenz vergisst. Schon in der Gebrochenheit der Form des Eingangchors spiegelt Bach die Gebrochenheit menschlichen Daseins. In den Rezitativen und Arien gestaltet Bach die Grundproblematik menschlichen Lebens, dass er mit seiner Hybris sich selbst richtet. Darin erweise sich der Mensch selber als sein ärgster Feind. Dem stellt Bach in der Tenor-Arie Gottes Gerechtigkeit gegenüber, in der er den gesetzlichen Zusammenhang von Tun und Ergehen durch seine göttliche Begnadigung des Menschen durchbricht: Gebrauche das, was Gott dir gegeben hat verantwortungsvoll nach Gottes Willen, dann wirst du leben. In der folgenden Alt-Arie wirbt die Anima, die fromme Seele, um die Umkehr des Menschen: Gott ist allein gerecht in allem, was er tut, sei´s Gutes oder Böses, sei´s Leben oder Tod. Die Kantate ist zweiteilig. Die Zäsur bildet der Choral. Erst dadurch, dass Gott seine Gottheit aufgibt und Mensch wird in Jesus Christus, erweist er sich als wahrer Gott. Dann folgte in der Leipziger Thomaskirche die Predigt.

Der zweite Teil der Kantate beginnt mit dem Fanfarenstoß der Trompeten, die die Bass-Arie begleiten. Das Urteil, das er vor Gericht verkündet, lautet: nicht gerichtet, sondern gerettet. Im Alt-Rezitativ verkündet die Anima: Selbst wenn der gnädige Richter uns das Todesurteil spricht, ist das nicht seine härteste Strafe, sondern seine letzte Gnade. Mit ihr nimmt er uns auf in sein himmlisches Reich. Im Duett zwischen Anima und Evangelist können wir im Continuo den Tod an unsere Türe klopfen hören. Erst wenn wir in ihm Gottes Macht anerkennen, dann können wir mit dem Reichtum unseres Lebens verantwortungsvoll umgehen. Er besteht nicht in seiner Unbegrenztheit, sondern in seiner Begrenztheit. Der schlichte Schlusschoral verkündet: Nur Gott kann uns von uns selbst erlösen und uns in die verwandeln, als die er uns von Anfang an gemeint hat.

Predigt zum Kantatengottesdienst am 1.S.n.Tr., 2. Juni 2013 über die Kantate Nr. 20 „O Ewigkeit, du Donnerwort“

Erster Teil der Predigt über Satz 1. der Kantate

Gnade sei mit euch und Friede von Gott, unserm Vater, und dem Herrn Jesus Christus. Amen

Liebe Kantatengemeinde,

1724 zur Zeit der Entstehung der Kantate „O Ewigkeit, du Donnerwort“ hatte Johann Sebastian Bach sein erstes Jahr als Thomas-Kantor in Leipzig hinter sich. Den zweiten Kantaten-Jahrgang wollte er planvoller gestalten als den ersten. Die Themen dafür wollte er sich von den bis heute festliegenden Liedern und Evangelien der Sonntage vorgeben lassen. Der ersten Kantate dieses Jahrgangs liegt das Lied des 1. Sonntags nach Trinitatis zu Grunde. Es gehört zum Evangelium, dem Gleichnis Jesu vom Reichen Mann und armen Lazarus. Zuerst möchte ich Ihnen gern kurz das Gleichnis deuten. Sie haben es vorhin als Lesung gehört.

Jesus erzählte dieses Gleichnis den gesetzestreuen Pharisäern. Nach dem Gesetz, wie es die Pharisäer verstanden, kam der Reiche Mann in die Hölle, weil er so rücksichtslos mit seinem Reichtum umging. Nach dem Gesetz des Mose aber hätte der Reiche Mann die Brocken, die von seinem Tische fielen den Armen selbst zu **geben**. Lazarus dagegen musste sie sich selber **nehmen**, wie ein Hund. Die Botschaft dieses Gleichnisses lautet so in aller Kürze: Wer Gottes Gaben für grenzenlos hält, der wird sich selbst an sie verlieren. Wer aber die mit Gottes Gaben gegebenen Grenzen annimmt, der wird darin neues Leben finden. Das Motto des Hamburger Kirchentages: „So viel wir brauchen“ hat eben dies gemeint. Angesichts der Finanzkrise finde ich das Gleichnis immer noch hochaktuell.

Das Lied des Sonntags, das zu diesem Evangelium gehört, hat der Barockdichter Johann Rist 1642 gedichtet. Er war ein Hamburger Zeitgenosse Paul Gerhardts. Wie er, lebte er in der Zeit des 30jährigen Krieges. Drei Verse von 16 (1,8,12) des Liedes sind in der Kantate unverändert verwendet, im Eingangschor (Nr.1), im Choral zum Ende des ersten Teils (Nr.8) und im Schlusschoral (Nr.12). Die übrigen Strophen hat ein unbekannter Dichter Vers für Vers zu den Sätzen der Kantate umgedichtet. Das ist für die Choral-Kantaten Bachs typisch.

Das Lied Johann Rists war in der Notzeit des Dreißigjährigen Krieges entstanden. Diesen Krieg empfanden die Menschen damals wie ein Strafgericht Gottes. Wie ein Schwert durchbohrte es die Seelen der Menschen. Und weil er nicht enden wollte, empfanden sie ihn wie eine Ewigkeit.

1725 im darauf folgenden Jahrhundert hörte man diesen Text mit ganz anderen Ohren. Die historische Situation hatte sich total geändert. Es herrschte Friede in Leipzig. Das Gottesgericht des Dreißigjährigen Krieges war vorbei. Aber die Bedrohtheit menschlichen Lebens bestand weiter. Sie hatte sich nur von außen nach innen verlagert. Nicht mehr der Kriegstod, sondern der ganz normale Tod bedrohte die Menschen, vor allem der plötzliche, unvorhersehbare und unerklärliche Tod. Er wurde, wie nach der Vertreibung aus dem Paradies, als Strafe verstanden. Nach dem 30jährigen Krieg kamen die Menschen langsam wieder zur Vernunft. Sie wollten verstehen, was ihnen widerfuhr. In seiner Umdichtung des Ristschen Liedes versuchte der unbekannte Dichter Ewigkeit als Zeit ohne Zeit zu erklären. Mit dem frühen Rationalismus der Barockdichtung mühte er sich zu verstehen, was kein Mensch verstehen kann. Jedes Unglück dieser Welt vergeht, aber die Ewigkeit vergeht nie. Selbst der nicht enden wollte Krieg verging. Die Ewigkeit aber treibt weiter ihr grausames Spiel. Selbst Jesus, meint der Dichter, könne uns daraus nicht erlösen.

Aber, liebe Freunde, was hat Johann Sebastian Bach aus diesem Text gemacht, wie hat er ihn komponiert?

Eingangschor (Nr.1.)

O Ewigkeit, du Donnerwort,
O Schwert, das durch die Seele bohrt,
O Anfang sonder Ende!
O Ewigkeit, Zeit ohne Zeit,
Ich weiß vor großer Traurigkeit
Nicht, wo ich mich hinwende.
Mein ganz erschrocken Herz erbebt,
Dass mir die Zung am Gaumen klebt.

Den **Eingangschor (Nr.1.)** komponierte Bach wie ein prächtiges Eingangstor. Mir erscheint seine Struktur wie die Architektur eines römischen Triumphbogens. Gleichsam mit einem Donnerwort eröffnet Bach die Kantate. Im feierlich langsamen Eingangsteil lagert der Triumphbogen in aller Breite, reich verziert. Über ihm schwebt gleichsam als Bekrönung die Choralmelodie. Im folgenden schnellen Mittelteil bricht Bach aus der strengen Form der französischen

Ouvertüre aus in ein heftiges Fugato. Er ist auf einmal wie auf der Flucht, was Fugato ja auch wörtlich heißt. Das ist vom Text gezeugt. Der lautet: „Ich weiß vor großer Traurigkeit nicht, wo ich mich hinwende.“ Im wieder langsamen Schlussteil kehrt Bach zur festlichen Ouvertüre zurück. Aber der Ton ist quälend gebrochen (chromatisch im instrumentalen Nachspiel), was wieder der Text bewirkt, der lautet: „Mein ganz erschrocknes Herze bebt, dass mir die Zung′ am Gaumen klebt.“

So klassisch der Eingangschor daher kommt; seine Form ist gebrochen. Es geht Bach nicht um die Darstellung der Ewigkeit, wie dem Textdichter. Es geht ihm vielmehr um die Darstellung der Gebrochenheit menschlicher Existenz. Er komponiert nicht in der Form des klassischen Triumphbogens. Er komponiert ihn nach der Art der holländischen Maler der Zeit, gleichsam als Ruine. Der mittlere Bogen ist zerbrochen und der rechte Bogen ist eingesunken, kleiner als der linke. Die künstlerische Asymmetrie verleiht aber dem Ganzen Spannung. Die Struktur ist nicht klassisch gerade, sondern schief, wie das Leben. Der Eingangschor Bachs erfüllt, wie ich finde, die Funktion einer Ouvertüre. Sie nimmt die Struktur der ganzen Kantate konzentriert vorweg.

Das Gleichnis Jesu vom Reichen Mann und vom Armen Lazarus, das der Kantate zu Grunde liegt, will uns einen Blick eröffnen auf die Grundstruktur unseres Lebens. Der Reiche Mann war von dem, was er als Gottes Geschenk erhalten hatte, wie hypnotisiert, auch wenn es nur sein Reichtum war. Über diesem Rausch vergaß er alle Grenzen, alle Vorsicht und Umsicht. Die Hölle war nicht jenseits seines Lebens. Sie war mitten in diesem Leben wirklich. Wenn alle Menschen ohne Grenzen leben würden, dann auch ohne Rücksicht auf die Begrenztheit ihrer Lebensmittel und auch ihrer Lebenszeit. Welche verheerenden Folgen das bis heute haben kann, das erleben und erleiden wir mit der Finanzkrise. Aber nicht nur mit der Finanzkrise sondern auch mit der Krise des Gesundheitswesens kommen wir langsam dahin, die Hölle der Grenzenlosigkeit bei lebendigem Leibe zu erleben. Angesichts der Fortschritte der modernen Medizin träumen die Forscher sogar schon davon, das Gen, das uns altern lässt, zu entdecken. Der Traum von der Unsterblichkeit des Menschen fängt grade wieder an nach uns zu greifen. Man stelle sich die Erde vor voll von Menschen, die nicht mehr sterben. Es wäre die Hölle, wie in Dantes Göttlicher Komödie. Ähnlich versucht der Dichter des Kantatentextes der Ewigkeit, im Himmel oder in der Hölle, auf die Spur zu kommen. Wir hören nun den Eingangschor der Kantate.

Zweiter Teil der

Predigt über Satz 2 – 5 der Kantate

Tenor-Rezitativ (Nr. 2)

Kein Unglück ist in aller Welt zu finden,
Das ewig dauernd sei:
Es muss doch endlich mit der Zeit einmal verschwinden.
Ach! aber ach! die Pein der Ewigkeit hat nur kein Ziel;
Sie treibet fort und fort ihr Marterspiel,
Ja, wie selbst Jesus spricht,
Aus ihr ist kein Erlösung nicht.

Nach dieser Ouvertüre der Kantate sinnt Bach mit dem Textdichter dem Fluch der Unbegrenztheit nach.

Tenor-Arie (Nr. 3)

Ewigkeit, du machst mir bange,
Ewig, ewig ist zu lange!
Ach, hier gilt fürwahr kein Scherz.
Flammen, die auf ewig brennen,
Ist kein Feuer gleich zu nennen;
Es erschrickt und bebt mein Herz,
Wenn ich diese Pein bedenke
Und den Sinn zur Höllen lenke.

In der **Arie (Nr. 3)** erfasst ihn das Grauen vor dem Ewigkeitswahn. Dieser Wahn ist kein Scherz, sondern bitterer Ernst. Wenn wir uns ihm hingeben, werden wir wie im Drogenrausch verbrennen. Jedes reale Feuer brennt nur begrenzte Zeit. Nur der Omnipotenzwahn ist ein Feuer, das in der Menschheitsgeschichte immer brennt. Dieser Wahn liegt wie ein Fluch auf der Menschheit. Er ist gleichsam die Hölle auf Erden.

Bass-Rezitativ (Nr. 4)

Gesetzt, es dau'rte der Verdammten Qual
So viele Jahr, als an der Zahl
Auf Erden Gras, am Himmel Sterne wären;
Gesetzt, es sei die Pein so weit hinausgestellt,
Als Menschen in der Welt

Von Anbeginn gewesen,
So wäre doch zuletzt
Derselben Ziel und Maß gesetzt:
Sie müsste doch einmal aufhören.
Nun aber, wenn du die Gefahr,
Verdammter! tausend Millionen Jahr
Mit allen Teufeln ausgestanden,
So ist doch nie der Schluss vorhanden;
Die Zeit, so niemand zählen kann,
Fängt jeden Augenblick
Zu deiner Seelen ewgem Ungelück
Sich stets von neuem an.

Im **Bass-Rezitativ (Nr. 4)** nimmt Bach den Text des unbekannten Textdichters voll auf. Zur Erklärung der Ewigkeit dreht er den Abrahamsegen um zum Fluch. So hält er länger an, als es Menschen gibt auf Erden, länger als es Sterne gibt am Himmel und Gras auf der Erde, statt wie im Abrahams-Segen der Sand am Meer. Anders würde der Fluch ja einmal gnädig enden. So aber fängt er, wenn er aufgehört hat, stets von neuem an. Friedrich Nietzsche hat diesen Gedanken in das Bild von der ewigen Wiederkehr des Gleichen gefasst. An dieser Stelle wird deutlich, dass in diesem Ewigkeitswahn niemand des Menschen ärgerer Feind ist als er selbst.

Bass-Arie (Nr. 5.)

Gott ist gerecht in seinen Werken:
Auf kurze Sünden dieser Welt

Hat er so lange Pein bestellt;

Ach wollte doch die Welt dies merken!

Kurz ist die Zeit, der Tod geschwind,

Bedenke dies, o Menschenkind!

In der **Bass-Arie (Nr. 5.)** besingt nun Bach Gottes Gerechtigkeit. Am Gleichnis vom Reichen Mann und armen Lazarus lässt sich verdeutlichen, was er meint. Gemeinhin wird Gottes Gerechtigkeit verstanden, als die, die Gehorsam belohnt und Ungehorsam bestraft. Die ausgleichende Gerechtigkeit, die den armen Lazarus in Abrahams Schoß geführt hat und den Reichen Mann in die Hölle, entspreche Gottes Gerechtigkeit. Das entspricht aber nicht Gottes Gerechtigkeit, sondern ist ein menschlicher Wunschtraum. Der Reiche Mann landet **jenseits** nicht im höllischen Feuer, weil er **diesseits** reich war. Und der Arme Lazarus landet **jenseits** nicht im Abrahams Schoß, weil er **diesseits** arm war. Mit diesem erdachten Gesetz versuchen Menschen bis heute ihr Schicksal selbst in den Griff zu bekommen. Aber der Reiche Mann landet in der Hölle, weil er den ihm von Gott anvertrauten Reichtum **nicht verantwortungsvoll** geteilt hat. Dadurch hat er gegen Gottes Willen den Armen **gering geachtet**. Gottes Gerechtigkeit ist nach Luthers reformatorischer Endeckung anders. Sie ist nicht mehr vergeltende, sondern allumfassende Gerechtigkeit.

Diese Arie ist die Schaltstelle in dieser Kantate. Bach stellt mit seiner musikalischen Symbolik den Text richtig. Er komponiert, wie so oft, gegen den Text. Gottes Gerechtigkeit zeigt sich nicht in den **Worten** der **Menschen**, sondern in **Gottes Werke**n. Gottes Wirken stellt Bach musikalisch dar durch eine Tonreihe, die die Oktav von oben nach unten und wieder von unten nach oben durchläuft. Das will zeigen: Gottes Gerechtigkeit umfasst in seinen Werken alles, Himmel, Erde und Hölle und wieder zurück. Er ist allein allmächtig und ewig. Er war **vor** allem und wird allein **nach** allem sein. „Bedenke dies, o Menschenkind, kurz ist die Zeit, der Tod geschwind.“ Gebrauche das, was Gott dir gegeben hat verantwortungsvoll, d.h. nach Gottes Willen, dann wirst du leben. Wir hören nun die Sätze 2 - 5

Dritter Teil der

Predigt über Satz 6 – 8 der Kantate

Alt- Arie (Nr.6)

O Mensch, errette deine Seele,
Entfliehe Satans Sklaverei
Und mache dich von Sünden frei,
Damit in jener Schwefelhöhle
Der Tod, so die Verdammten plagt,
Nicht deine Seele ewig nagt.
O Mensch, errette deine Seele!

Nach diesem Wendepunkt der Kantate setzt der Alt als die Stimme der Anima ein **(Arie Nr. 6.)** mit flehendem Gebet: „O Mensch, errette deine Seele!“ Kehr um von deinem Todesweg. Auf ihm lebst du hier schon in ewiger Verdammnis. Gib dein gottloses Streben auf. Das ist unser unsinniger Größenwahn. Mit ihm wollen wir uns aus eigener Kraft Gott gefällig machen. Unser Verderben ist, dass wir damit Gott die Macht über uns entreißen wollen. Aber er ist allein gerecht in allem, was er tut, sei´s Gutes oder Böses, sei´s Leben oder Tod.

Schluss-Choral (Nr.7)

Solang ein Gott im Himmel lebt
und über alle Wolken schwebt,
wird solche Marter währen:
Es wird sie plagen Kält und Hitz,
Angst, Hunger, Schrecken, Feu'r und Blitz
und sie doch nicht verzehren.
Denn wird sich enden diese Pein,
wenn Gott nicht mehr wird ewig sein.

Der **Schluss-Choral (Nr.7)** der ersten Hälfte der Kantate bringt das in einer nahezu paradoxen Formulierung zum Ausdruck. Der Menschen Höllenpein wird erst enden, „wenn Gott nicht mehr wird ewig sein." Was ist eigentlich, wenn Gott nicht mehr ewig ist? Ist er dann nicht mehr Gott? Gibt er dann mit seiner Ewigkeit seine Göttlichkeit auf? Aber erst damit offenbart sich Gottes Allmacht gegenüber uns machtsüchtigen Menschen. Erst indem er seine Gottheit aufgibt und Mensch wird in Jesus Christus, erweist er sich als wahrer Gott.

Nach diesem Choral folgte zu Bachs Zeiten die Predigt über das Evangelium. Wir aber fahren fort, weil die Kantate selbst der Gegenstand der Predigt ist.

8. Aria B

Wacht auf, wacht auf, verlornen Schafe,
Ermuntert euch vom Sündenschlafe
Und bessert euer Leben bald!
Wacht auf, eh die Posaune schallt,

Die euch mit Schrecken aus der Gruft

Zum Richter aller Welt vor das Gerichte ruft!

Der zweite Teil der Kantate beginnt in der **Bass-Arie (Nr. 8)** mit einem **Fanfarenstoß**. Wie der Wächter auf der Zinne weckt der gerechte Richter die in sich verkrümmten Größenwahnsinnigen aus ihrem Allmachtswahn. Nun müssen sie sich seinem Urteil stellen. Aber sein Urteil lautet nicht gerichtet. Sein Urteil lautet: gerettet. Erst der begnadigte Verbrecher kann von sich aus ein neues Leben anfangen. Alle rechtmäßig Verurteilten dieser Welt dagegen halten sich für unschuldig.

Wir hören nun die Sätze 6 - 8.

Vierter Teil der

Predigt über der zweiten Teil der Kantate Nr. 9 – 11

Alt-Rezitativ (Nr. 9)

Verlass, o Mensch, die Wollust dieser Welt,

Pracht, Hoffart, Reichtum, Ehr und Geld;

Bedenke doch

In dieser Zeit annoch,

Da dir der Baum des Lebens grünet,

Was dir zu deinem Friede dienet!

Vielleicht ist dies der letzte Tag,

Kein Mensch weiß, wenn er sterben mag.

Wie leicht, wie bald

Ist mancher tot und kalt!

Man kann noch diese Nacht

Den Sarg vor deine Türe bringen.

Drum sei vor allen Dingen
Auf deiner Seelen Heil bedacht!

Im letzten **Rezitativ (Nr. 9)** hält die Anima, die liebende Seele, uns drastisch vor Augen, wogegen wir uns heftig wehren. Der Tod, den uns der liebende Richter verheißt, ist nicht länger seine härteste Strafe, sondern seine letzte Gnade. Mit ihr kann er uns allein der **ewigen Höllenqual** entreißen. Erst wenn wir uns diese seine zwar bittere Liebe gefallen lassen, erst dann können wir das Heilmittel der Unsterblichkeit einnehmen. Erst dann müssen wir nicht mehr aus Angst vor dem Tode in unsern Unsterblichkeits- und Allmachtswahn entfliehen.

Duett (Alt) und **(Tenor)** (Nr.**10.)**

O Menschenkind,
Hör auf geschwind,
Die Sünd und Welt zu lieben,
Dass nicht die Pein,
Wo Heulen und Zähnklappen sein,
Dich ewig mag betrüben!
Ach spiegle dich am reichen Mann,
Der in der Qual
Auch nicht einmal
Ein Tröpflein Wasser haben kann!

Im letzten **Duett** von Anima **(Alt)** und Evangelist **(Tenor)** (Nr.**10.)** können wir in den klopfenden Tönen der Begleitstimmen, des Continuo, den Tod an unsere Türe klopfen hören. Erst wenn wir fähig sind, ihn - wenn auch angstvoll - zu begrüßen, dann kann uns Gott von der ewigen Höllenqual befreien. Erst wenn wir uns im Spiegel des reichen Mannes selbst erkennen, sagt der Text, dann können wir unserm wahnsinnigen **Lebensdurst** entrinnen. **Er** kann uns kein Leben geben. **Er** ist vielmehr die Hölle auf Erden. Erst wenn wir Gottes Macht anerkennen, dann können wir mit dem Reichtum unseres Lebens verantwortungsvoll umgehen. Er besteht nicht in seiner Unbegrenztheit, er besteht in seiner Begrenztheit. Dann dürfen wir, wenn Gott es will, versöhnt, ob alt oder jung, unser Leben in Gottes Hand zurücklegen.

Den letzten Wahn aber, den wir in diesem Leben aufgeben müssen, den können wir erst lassen, wenn wir teilhaben an **dem Ereignis, zu dem** wir selbst nichts beitragen können. Wir können es uns nur von Gott schenken lassen. Wir können nur darum bitten, dass Gott **uns** in Jesus Christus **uns selber** neu schenkt.

Schluss-Chorals (Nr.11)

O Ewigkeit, du Donnerwort,
o Schwert, das durch die Seele bohrt,
o Anfang sonder Ende!
O Ewigkeit, Zeit ohne Zeit,
ich weiß vor großer Traurigkeit
nicht, wo ich mich hinwende.
nimm du mich, wenn es dir gefällt,
Herr Jesu, in dein Freudenzelt!

So erreicht die Kantate in den letzten beiden Zeilen des **Schluss-Chorals (Nr.11)** ihr Ziel. Dort bittet der Beter: „Nimm du mich, wenn es Dir gefällt, Herr Jesu, in dein Freudenzelt." Nur Gott kann uns von dem falschen Glauben an uns selbst befreien. Nur er kann uns in uns selbst verwandeln. Nur er allein kann uns von uns erlösen. Nur er kann uns neu schaffen, als die, als die er uns von Anfang an gemeint hat. Wir hören nun den Schluss der Kantate die Sätze 9 -11.

Und der Friede Gottes, der höher ist als alle Vernunft, bewahre eure Herzen und Sinne in Christus Jesus. Amen

Einleitung für die Predigt über Hebräer 12

Der Predigttext aus dem Hebräerbrief wird für mich bestimmt von dem wunderbaren Bild von der Wolke der Zeugen. Er meint damit die Gemeinschaft der Heiligen, zu der wir uns im Glaubenbekenntnis bekennen. Im vorangehenden Kapitel zählt er die großen Gestalten des Alten Testaments auf. Alles was uns in diesem Leben bedrückt, dürfen wir in dieser Wolke der Zeugen des Glauben aufgehoben wissen. Durch sie sind wir alle im Glauben befreit. Was aber soll das für uns bedeuten? Sollen wir so tun, als seien wir jetzt schon im Himmel? Wenn wir das tun, dann werden wir einen harten Fall tun. Um uns nicht von ihnen täuschen zu lassen, sollten wir uns diese Zeugen noch einmal genauer ansehen. Waren sie alle ohne Fehl und Tadel? Das Leben war nicht nur für sie ein Kampf mit der Sünde. Wir meinen heute meist, Sünde sei etwas Unmoralisches. Vielmehr meint Sünde unser Grundproblem. Alle Tiere wissen, was sie zu tun haben, wir Menschen nicht. Uns Menschen ist von Gott die Freiheit gegeben. Seitdem ist unser Leben ein einziger Kampf um das, was recht ist.

Aber Gott hat uns in diesem Kampf nicht alleine gelassen. Statt einer unfehlbaren Natur hat uns Gott seinen Sohn gesandt, dass er uns zur zweiten Natur werde. Sie besteht darin, dass er die Last unseres Lebens auf sich genommen hat. Er hat sie uns nicht weggenommen. Er wird uns geben, dass auch wir sitzen dürfen zu seiner Rechten und den Karfreitagsfrieden und die Osterfreude erleben dürfen als die große Freiheit in allem, was uns bedrückt. Einleitung zur Predigt über Lukas 7,36-50

Predigt für Palmarum, 13.04,2014 über Hebräer 12.1-3

Gnade sei mit euch und Friede von Gott unserm Vater und dem Herrn Jesus Christus. Amen

Der Predigttext für den Palmsonntag steht im Brief an die Hebräer 12,1-3: Weil wir eine solche Wolke von Zeugen um uns haben, lasst uns ablegen alles, was uns beschwert, und die Sünde, die uns ständig umstrickt, und lasst uns laufen mit Geduld in dem Kampf, der uns bestimmt ist, und aufsehen zu Jesus, dem Anfänger und Vollender des Glaubens, der, obwohl er hätte Freude haben können, das Kreuz erduldete und die Schande gering achtet und sich gesetzt hat zur Rechten des Thrones Gottes. Gedenkt an den, der soviel Widerspruch gegen sich von den Sündern erduldet hat, damit ihr nicht matt werdet und den Mut nicht sinken lasst.

Liebe Gemeinde, ich finde, es ist ein wunderbares Bild, mit dem unser heutiger Predigttext beginnt. Wir sind umhüllt von einer Wolke von Zeugen. Wir sind nicht allein auf der Welt, sondern haben eine große Schar von Zeugen um uns. Aber was für Zeugen sind das und wofür legen sie Zeugnis ab? Es ist die Gemeinschaft der Heiligen, zu der wir uns jedes Mal im Glaubenbekenntnis bekennen, wenn wir es sprechen.

In dem Kapitel, das unserm Predigttext vorangeht, zählt der Hebräerbrief die großen Gestalten des Alten Testaments auf: Abel, Noah, Abraham und Sara, Isaak und Jakob, Joseph und Mose; selbst Rahab, die Hure, zählt er unter die Wolke der Zeugen. Dann folgen die Richter, die Vorläufer der Könige Israels, und dann die Könige, zuerst David, dann Samuel und die Wolke der Propheten des alten Bundes, und dann folgen noch die Zeugen des Neuen Bundes bis zu ihm, dem Verfasser des Hebräerbriefes.

Liebe Gemeinde, alles was uns in unserm Leben bedrückt und beschwert, dürfen wir ablegen: Allen Kummer und alle Sorge des Alltags, alle Mühsal der Arbeit, alle Krankheiten des Leibes und alle Betrübnis der Seele, ja selbst den Tod. All dies dürfen wir in dieser Wolke der Zeugen aufgehoben wissen. Wir sind nicht allein damit. Wir sind aufgenommen in die Schar der Zeugen, die alles, was uns bedrückt, auch schon beschwert hat und gefangen genommen hat. Im Unterschied zu uns sind sie durch den Glauben von alle dem erlöst und befreit. Durch sie kann die Sünde uns nicht mehr umstricken und gefangen halten. Durch sie sind wir alle im Glauben befreit.

Liebe Gemeinde, was aber soll das für uns bedeuten, die wir uns alles andere als befreit fühlen? Sollen wir allen Kummer und alle Sorge des Alltags vergessen? Sollen wir alle Vorsicht und Umsicht in unserm Leben fahren lassen? Sollen wir so tun, als ob unser Leben nur noch

Friede, Freude, Eierkuchen sei? Sollen wir so tun, als seien wir jetzt schon im Himmel?

Wenn wir das tun, dann werden wir einen harten und tiefen Fall tun. Denken Sie nur an die vielen jungen Menschen, die mit ihren schicken neuen Autos alle Vorsicht fahren lassen. Schon die nächste Kurve wird ihnen den Tod bringen.

Liebe Gemeinde, das kann und soll nicht gemeint sein. Der Kampf ums Leben und Überleben wird auch im Glauben nicht aufhören. Aber was soll das dann heißen, dass wir in diesem Kampf in der Wolke der Zeugen des Glaubens aufgehoben sind. Heißt das dann, dass wir allen Kummer und alle Sorgen fahren lassen dürfen?

Liebe Freunde, unser Predigttext will uns nicht täuschen und in die Irre führen. Er will uns nicht auffordern, uns leichtsinnig um unser Leben zu bringen. So wunderbar die Wolke der Zeugen uns erscheinen mag. So toll es sein mag, wenn wir uns wie auf „Wolke sieben" fühlen. Wir dürfen uns von unserm Predigttext nicht täuschen lassen.

Um dieser Täuschung nicht zu erliegen, sollten wir uns die Zeugen noch einmal genauer ansehen. Waren sie alle ohne Fehl und Tadel? Wir können nicht alle auf Herz und Nieren prüfen. Aber lasst uns einige herausgreifen.

Wie war es mit dem Erzvater Jakob? War er nur der Gründer des Volkes Israel? Nein, er war auch ein Lügner und Betrüger. Er hat seinen alten Vater getäuscht und seinen Bruder Esau um sein Erbe betrogen.

Oder wie war es mit Mose? Hat er nur das Volk Israel aus der Knechtschaft befreit? Er war nicht nur der Befreier, er war auch ein Mörder. Sie erinnern sich, dass er einen ägyptischen Aufseher, der einen Hebräer knechtete, im Zorn erschlug.

Oder wie war es mit dem König David? War er nicht nur der Ahnvater Jesu? Nein, er war auch ein Mörder und Ehebrecher. Den Ehemann der Bathseba hat er hinterhältig ermorden lassen, um ihm sein Weib wegzunehmen. Und sie ist eine der Urmütter Jesu.

Liebe Gemeinde, das Leben war nicht nur für sie ein Kampf mit der Sünde. Das Leben ist auch für uns ein Kampf mit der Sünde. Auch wenn wir heute nicht mehr recht verstehen, was die Bibel mit Sünde meinte. Wir meinen heute meist Sünde sei etwas Unanständiges, Unmoralisches. Wenn das so einfach wäre! Nein, Sünde ist unser Grundproblem, dass wir nicht wissen, was wir tun sollen. Jedes Tier in der Natur ist besser dran als wir. Die Tiere wissen immer, was sie zu tun haben, um am Leben zu bleiben. Im Frühling bauen sie Nester und brüten und füttern ihre Jungen. Und im Herbst sammeln sie Vorräte, um den Winter zu überleben. Wir Menschen dagegen balzen das ganze Jahr über. Wir bauen immer und überall unsere Häuser. Und in der Aufzucht und Erziehung unserer Kinder machen wir tausend Fehler. Dafür können die Tiere auch nichts anderes, als ihrem Instinkt zu folgen. Uns Menschen aber ist von Gott die Freiheit gegeben. Aber seitdem ist unser Leben ein einziger Kampf um das, was recht ist.

Aber Gott hat uns in diesem Kampf und Dauerlauf unseres Lebens nicht alleine gelassen. Wenn wir in unserm Leben nicht weiter wissen, dann sagt unser Predigttext, dürfen wir aufschauen zu Jesus, dem Anfänger und Vollender des Glaubens. Statt einer unfehlbaren Natur hat uns Gott seinen Sohn gesandt, dass er uns zur zweiten Natur werde.

Aber liebe Gemeinde, worin besteht nun diese zweite Natur, die uns Gott mit Jesus gegeben hat? Sie besteht darin, dass er die Last unseres Lebens auf sich genommen hat. Alles was wir falsch machen hat er ertragen. Ich denke diese Last ist schwerer als das Holzkreuz, das er an Karfreitag nach Golgatha hinaufgetragen hat. Es ist die Last unser aller Leben, die er auf sich genommen hat. Er hat sie uns nicht weggenommen. Dann wären wir wie im Himmel und unser Fall wäre tief. Auch er selbst hat darauf verzichtet. Unser Text sagt: Obwohl er Freude hätte haben können, hat er das Kreuz unseres Lebens auf sich genommen. Deshalb dürfen wir aufsehen zu ihm, dem Anfänger und Vollender des Glaubens. Darum dürfen wir ihm nachfolgen bei seinem Einzug in Jerusalem. Dabei dürfen wir ihm nachfolgen in seinem Lauf durch die Karwoche. Darum dürfen wir mit ihm den Kampf um unser Leben kämpfen. Er hat uns gezeigt, wie wir allen Kummer, alle Sorge, alles Leid, alle Krankheit, ja selbst den Tod auf uns nehmen können. Dann wird er uns geben, dass auch wir sitzen dürfen zu seiner Rechten und den Karfreitagsfrieden und die Osterfreude erleben dürfen als die große Freiheit von allem, was uns bedrückt. Amen

Und der Friede Gottes, der höher ist als alle Vernunft, bewahre euch in Jesu Christus. Amen

Einleitung zur Predigt über Lukas 7,36-50

In der Einleitung zur letzten Predigt dieser Sammlung möchte ich das Gliederungssystem meiner Predigten nachtragen. Gegenüber der formalen Dreiteiligkeit der traditionellen Predigtlehre bevorzuge ich die funktionale fünf- oder sechsteilige Gliederung der Lernpsychologie. Sie folgt einer inneren Dynamik, die den Hörern das Zuhören erleichtern will.

1. Der Motivationsteil: Zu ihm zähle ich den Predigttext und die Erklärung der historischen Bedeutung der Gastfreundschaft. Ich gehe davon aus, dass die wohldosierte Verweigerung der Gastfreundschaft Jesus gegenüber die Hörer motivieren könnte hinzuhören.
2. Die Problemdarstellung: Die Missachtung des pharisäischen Gesetzes durch Jesus vergalt der Pharisäer Jesus durch einen bewussten Verstoß gegen das Gebot der Gastfreundschaft.
3. Problemabgrenzung: Sie spitzt das Problem auf den theologischen Skopus des Predigttextes zu. Die Frau vergilt Jesus Böses mit Gutem. Sie verweigert Jesu nicht wie der Pharisäer die Anerkennung als Messias. Sie salbt ihm die Füße.
4. Versuch und Irrtum: In diesem Teil behandle ich den Kampf mit den Vorurteilen gegenüber dem Pharisäer und der der Frau
5. Das Lösungsangebot: Bietet sozusagen die allgemein menschliche Lösung des Problems an, den Menschen nicht als das anzusehen wofür wir ihn halten, sondern hinter unsere Vorurteile vorzudringen.
6. Lösungsverstärkung: Sie geht über die allgemein menschliche Lösung hinaus auf den Text zurück, bzw. auf die jesuanische Lösung: Lasst uns einander lieben, wie Gott uns in Jesus Christus geliebt hat.

Diese lernpsychologische Gliederung ist keine formale Gliederung, sondern eine inhaltliche. Sie will den Hörer in der Motivationsphase zum Zuhören gewinnen. Sie konfrontiert ihn mit dem Problem, um das es geht und spitz das auf den Predigttext zu. In Versuch und Irrtum folgt sie den menschlichen Wegen und Irrwegen. Das Lösungsangebot bietet eine allgemein menschliche Lösung an wie z.B. in der alttestamentlichen Weisheit. Die Lösungsverstärkung fokussiert auf die theologische Lösung, die der Predigttext enthält.

Predigt für den 11.S.n.Tr., 11.08.2013 über Lukas 7,36-50

Gnade sei mit euch und Friede von Gott unserm Vater und dem Herrn Jesus Christus. Amen

Predigttext: Einer der Pharisäer bat Jesus, bei ihm zu essen. Und er ging hinein in das Haus des Pharisäers und setzte sich zu Tisch. Und siehe, eine Frau war in der Stadt, die war eine Sünderin. Als sie vernahm, dass er zu Tische saß im Hause des Pharisäers, brachte sie ein Glas mit Salböl und trat von hinten zu seinen Füßen, weinte und fing an, seine Füße mit Tränen zu benetzen und mit den Haaren ihres Hauptes zu trocknen., und küsste seine Füße und salbte sie mit Salböl. Als aber das der Pharisäer sah, der ihn eingeladen hatte, sprach er bei sich selbst und sagte: Wenn dieser ein Prophet wäre, so wüsste er, wer und was für eine Frau das ist, die ihn anrührt; denn sie ist eine Sünderin. Jesus antwortete und sprach zu ihm: Simon, ich habe dir etwas zu sagen. Er aber sprach: Meister, sag es! Ein Gläubiger hatte zwei Schuldner. Einer war fünfhundert Silbergroschen schuldig, der andere fünfzig. Da sie aber nicht bezahlen konnten, schenkte er´s beiden. Wer von ihnen wird ihn am meisten lieben? Simon antwortete und sprach: Ich denke, der, dem er am meisten geschenkt hat. Er aber sprach zu ihm: Du hast recht geurteilt. Und er wandte sich zu der Frau und sprach zu Simon: Siehst du diese Frau? Ich bin in dein Haus gekommen; du hast mir kein Wasser für meine Füße gegeben; diese aber hat meine Füße mit Tränen benetzt und mit ihren Haaren getrocknet. Du hast mir keinen Kuss gegeben; diese aber hat, seit ich hereingekommen bin, nicht abgelassen meine Füße zu küssen. Du hast mein Haupt nicht mit Öl gesalbt; sie aber hat meine Füße mit Salböl gesalbt. Deshalb sage ich dir: Ihre vielen Sünden sind vergeben, denn sie hat viel Liebe gezeigt, wem aber wenig vergeben wird, der liebt wenig.

1. Motivation:

Liebe Gemeinde, in unserm heutigen Predigttext hat ein Pharisäer mit dem Namen Simon Jesus zum Essen eingeladen. Einerseits hat er ihn so eingeladen, wie das in Palästina damals üblich war. Andererseits aber hat er ihm gleichzeitig die Gastfreundschaft zum Teil verweigert. In dem staubigen Land hat er ihm weder die Möglichkeit gegeben, sich die Füße zu waschen, noch hat er ihn mit dem orientalischen Bruderkuss begrüßt, noch hat er ihn, wie wir heute sagen würden, erfrischt. Warum er ihm das alles verweigert hat, wird nicht gesagt. Aber wir verstehen das heute so, dass es eine grobe Unhöflichkeit war. Er lädt Jesus als seinen Glaubensgenossen wohl zum Essen ein, aber er verweigert ihm gleichzeitig die volle Anerkennung. Durch eine solche Provokation will er ihn in einen Streit, in ein Streitgespräch verwickeln. Dazu bringt er ihn von vornherein in eine schlechte Ausgangsposition.

2. Problemdarstellung:

Liebe Gemeinde, wenn wir das nun auf unsere Zeit übertragen, dann würden wir einen solchen Gast ebenfalls auf die Probe stellen. Auch wir würden bei ihm gerne auf den Busch klopfen, um herauszubekommen, ob er der ist, für den wir ihn halten, oder ob wir ihn, oder gar uns selbst vom Gegenteil überzeugen können.

Vermutlich hat der Pharisäer gehofft, dass Jesus sich durch seine Unhöflichkeit entsprechend provozieren ließe. Nun er war dabei nicht maßlos. Sondern er hielt sich an das pharisäische Gesetzt, das da heißt: Aug um Auge, Zahn um Zahn. So vergalt ihm nur Gleiches mit Gleichem. Die Missachtung des Gesetzes durch Jesus vergalt er ihm durch seinen Verstoß gegen das Gesetz der Gastfreundschaft. Denn das Gastrecht war damals und ist bis heute im Orient etwas Heiliges.

3. Problemabgrenzung:

Liebe Gemeinde, ganz anders begegnet die Frau Jesus. Sie vergießt ihre Tränen über seine Füße und trocknet sie mit ihren Haaren, sie küsst sie und salbt sie mit duftendem Öl. So versucht sie wieder gut zu machen, was der Pharisäer Jesu angetan hat.

Wenn wir die Szene nun wieder auf unsern Alltag übertragen, dann tut die Frau etwas ganz ungewöhnliches. Ihr Tun geht ja weit über das hinaus, was damals üblich war. Die Art aber, wie sie das tut, hat, wie ich finde, etwas Kultisches an sich. Es erinnert mich daran, wie orthodoxe Christen z.B. ihre Ikonen verehren. Sie küssen sie aus Liebe, in Trauer vergießen sie Tränen über ihnen und salben sie in Verehrung mit Öl. All dies ist bis heute in der Orthodoxen Kirche lebendiger Brauch. Ähnlich tat es auch die Frau. Sie verehrte Jesus gleichsam wie ein Heiligenbild. Ich denke, das passt auch theologisch gut, denn Jesus erschien in dieser Geschichte als der Messias, als der von Gott gesalbte.

Wenn wir das nun wieder auf unsern Alltag übertragen, dann hieße das: Wenn wir unsern Gast achten, dann tun wir ihm Gutes. Wenn wir ihn verachten, dann tun wir ihm weniger Gutes.

4. Versuch und Irrtum:

Liebe Gemeinde, warum die Frau Jesus so verehrte und der Pharisäer weniger, das erklärt Jesus selbst mit dem kurzen Gleichnis von den beiden Schuldnern. Dem einen Schuldner werden fünfhundert und dem anderen fünfzig Silbergroschen erlassen. Auf dieses Gleichnis Jesu antwortet der Pharisäer theoretisch völlig richtig: Der wird ihn mehr lieben, dem er mehr geschenkt hat. Das Problem des Pharisäers ist nun eines, das wir alle kennen. Er kann dieses Wissen nicht auf den Alltag seines Lebens übertragen. Sein Problem ist, wenn er sich nur an das halten kann, was ihm vertraut ist, dann wird es hier schwierig für ihn. In seiner vermeintlichen Gesetzestreue ist er, ich sag es mal überspitzt, so in seinen Moralvorstellungen gefangen, dass er dem Leben nicht mehr gerecht werden kann. Auch wir meinen ja, zu wissen, was für eine diese Frau war. Im Text steht nur, sie sei eine Sünderin gewesen. Mehr sagt selbst der Pharisäer nicht. Wer aber ist kein Sünder? In der Tradition der Kirche wird vermutet, sie sei eine Hure gewesen. Nun ich weiß es nicht und will es auch gar nicht wissen. Denn darüber geriete ich in die Gefahr mich in meinen Vorurteilen ihr gegenüber zu verfangen und nicht mehr darauf achten zu können, was für ein Mensch sie ist.

5. Lösungsangebot:

Liebe Gemeinde, wenn ich das nun wieder auf meinen Gast übertrage, dann kann deutlich werden, dass ich vor lauter Vorurteilen gar nicht mehr hinschaue, was das für ein Mensch ist. Der Pharisäer sieht die Frau ja auch gar nicht mehr richtig an. Er meint ja zu wissen, dass sie eine Sünderin ist. Und anfassen lassen will er sich von ihr schon gar nicht, denn er fürchtet, von ihrer Sünde angesteckt zu werden wie von einer Aussätzigen. Auch für seinen Gast fürchtet er das. Wenn wir unserm Gast voller Vorurteilen begegnen, dann begegnen wir ihm nicht mehr unbefangen. Wir können uns nicht mehr auf ihn einlassen wie er ist. Oft verweigern wir ihm, ohne das es uns bewusst ist, von vornherein die Achtung. Verweigern wir ihm damit nicht auch einen Teil unserer Gastfreundschaft? Der Gast aber, den wir nicht kennen, könnte ein König sein, wie oft im Märchen.

6. Lösungsverstärkung:

Liebe Gemeinde, es ist für uns ein bleibendes Problem, unsere Vorurteile zu bewältigen. Wir können hier sehen, wie Jesus es uns vorlebt. Wie können wir von ihm lernen, Menschen, denen gegenüber wir Vorurteile haben, trotzdem als Menschen zu begegnen? Wir können sie nicht einfach auf den Müllhaufen unserer Verachtung werfen, nur weil sie unseren Vorstellungen nicht entsprechen. Die Menschen, die in der Hitlerdiktatur verachtet, ausgegrenzt und schließlich umgebracht wurden, sind bei uns als Menschen erst nach dem Krieg wieder ernst genommen worden. Vorher sind sie in den Konzentrationslagern gefangen gehalten, gequält und umgebracht worden. Sie seien keine richtigen Menschen. Auch heute flammt dieser Streit immer wieder auf. Auch Prostituierte, wie diese Frau, sind auch nicht nur verachtet, ausgestoßen, sondern auch ums Leben gebracht worden. Auch wir Christen nehmen die Kritik Jesu an den Pharisäern zum Anlass, sie zu verachten. Darüber vergessen wir, dass Jesus selbst ein Pharisäer war. Trotzdem meinen wir Gleiches mit Gleichem vergelten zu können. Wie aber kommt die Liebe der Sünderin zu Jesus bei uns an? „Nur wer viel liebt, der kann auch vieles verzeihen" sagt unser Predigttext. Lasst uns versuchen, Gottes gefallene Schöpfung mit den Augen der Liebe anzusehen, dann wird sie besser und wir auch. Wenn wir sie unbarmherzig anschauen, weil wir meinen, ihr ihre Unvollkommenheit nicht verzeihen zu können, dann wird sie so schlecht, wie wir sie machen. Denn wem wenig oder nichts verziehen wird, der kann auch nur wenig lieben. Lasst uns darum einander lieben, wie Gott uns geliebt hat. Denn auch wir werden von ihm geliebt, obwohl wir oft seine wenig liebenswerten Gäste auf dieser Erde sind. Amen.

Und der Friede Gottes, der höher ist als alle unsere Vernunft, bewahre unsere Herzen und Sinn in Christus Jesu. Amen

Inhaltsverzeichnis

Helmut G.Brendel

Pastor im Ruhestand und Pastoralpsychologe

Ruhestands-Predigten 2006 – 2014

Pastoralpsychologisch dem Evangelium auf die Spur kommen

Printed by Books on Demand GmbH, Norderstedt / Germany